Habilidades de dirección de equipos

Editado por:
EDITORIAL FAE, S.L.U.
Correo electrónico: editorial@editorialfae.com

Habilidades de dirección de equipos
Elsa Rubio Duce

1ª Edición

ISBN: 978-84-1135-405-9

Impreso en España

Índice

Aplicaciones prácticas

Ejercicio de evaluación final

Solucionario

Bibliografía

U. A. 1. Habilidades de dirección de equipos

Introducción

La dirección de equipos constituye una de las competencias esenciales en el ámbito empresarial actual. En entornos cada vez más dinámicos, competitivos y colaborativos, el éxito de una organización depende en gran medida de la capacidad de sus líderes para motivar, coordinar y guiar a las personas hacia objetivos comunes. La figura del líder deja de ser meramente jerárquica para convertirse en un facilitador del trabajo en equipo, capaz de generar compromiso, confianza y sentido de pertenencia.

Este curso aborda las principales habilidades directivas necesarias para gestionar eficazmente grupos de trabajo en distintos contextos organizativos. A lo largo del programa se analizan los estilos de dirección, los tipos de liderazgo y las estrategias de comunicación y motivación, así como técnicas para la delegación de responsabilidades y la resolución constructiva de conflictos.

El liderazgo moderno exige comprender la relación entre tarea y persona, saber identificar los niveles de madurez profesional del equipo, y aplicar técnicas de motivación adaptadas a las circunstancias. Por ello, se estudiarán modelos teóricos de referencia —como la jerarquía de necesidades de Maslow, la teoría de los dos factores de Herzberg o la teoría de la expectativa de Vroom— junto con herramientas prácticas para aplicarlos en situaciones reales.

El enfoque del curso es práctico y orientado a la acción: busca que las personas participantes desarrollen una visión integral del liderazgo, entendiendo cómo influir positivamente en la conducta de los miembros del equipo, gestionar emociones, y fomentar la colaboración y el rendimiento colectivo.

Objetivos

- Comprender los fundamentos del liderazgo y su importancia en la gestión eficaz de equipos de trabajo.
- Identificar los diferentes estilos de dirección, evaluando su idoneidad según las características del equipo y las circunstancias.
- Reconocer las cualidades y competencias clave del líder, aplicándolas en la práctica profesional.
- Analizar los factores de tarea y de relación que condicionan la dinámica de los equipos.
- Aplicar teorías y técnicas de motivación laboral para incrementar el compromiso y la productividad.
- Utilizar la comunicación como herramienta de liderazgo, fomentando la confianza y la cooperación.
- Delegar eficazmente funciones y responsabilidades, siguiendo las fases y criterios adecuados del proceso.
- Gestionar los conflictos laborales de forma constructiva, empleando modelos y estrategias de resolución positiva.
- Diseñar planes de motivación y mejora del desempeño, integrando los principios aprendidos en contextos reales de trabajo.

1. Liderazgo

El liderazgo es la capacidad de **influir, guiar y motivar** a otras personas hacia la consecución de unos objetivos comunes. No se trata únicamente de dirigir tareas, sino de inspirar y orientar conductas dentro de un grupo para alcanzar resultados eficaces y sostenibles.

A diferencia del simple ejercicio de autoridad formal, el liderazgo implica una dimensión interpersonal que combina habilidades emocionales, comunicativas y estratégicas.

Fig. 1. Un líder efectivo sabe equilibrar las necesidades de la organización con las de su equipo, fomentando la confianza, la cooperación y el sentido de pertenencia

El liderazgo no se basa exclusivamente en la posición jerárquica, sino en la capacidad de generar compromiso y dirigir la energía del grupo hacia metas compartidas. Entre las características más relevantes del liderazgo destacan:

Características del líder eficaz	Descripción
Visión.	Capacidad para definir una dirección clara y transmitirla al equipo.
Empatía.	Comprensión de las necesidades y emociones de los demás.
Capacidad de comunicación.	Saber escuchar, dar *feedback* y expresar ideas con claridad.
Integridad.	Coherencia entre lo que se dice y lo que se hace.
Orientación a resultados.	Focalización en objetivos concretos sin perder la perspectiva humana.
Gestión de personas.	Habilidad para desarrollar el potencial del equipo.

En una empresa tecnológica, una jefa de proyecto lidera a su equipo durante una fase crítica de lanzamiento. Además de supervisar tareas, dedica tiempo a escuchar las dificultades de cada miembro, redistribuye la carga de trabajo y reconoce los logros públicamente. Este estilo de liderazgo aumenta la motivación y la cohesión del grupo.

El liderazgo efectivo se manifiesta a través de una serie de **funciones esenciales**, entre las cuales destacan:

- **Definir objetivos claros** y comunicar las expectativas al equipo.
- **Organizar los recursos humanos y materiales** de manera eficiente.
- **Motivar** a los miembros del grupo para alcanzar un rendimiento óptimo.
- **Resolver conflictos** internos y externos de forma constructiva.
- **Supervisar y evaluar** el progreso hacia las metas.
- **Fomentar el desarrollo profesional** de los colaboradores.

Anotación

Un líder no debe ser el centro del equipo, sino su guía. La función del liderazgo es favorecer la autonomía del grupo, no generar dependencia.

A lo largo del tiempo, se han propuesto diferentes **teorías sobre el liderazgo**, que reflejan la evolución del pensamiento organizacional. Entre las principales se encuentran:

Teoría	Enfoque principal	Ejemplo práctico
Teoría de los rasgos	El liderazgo depende de características personales innatas (carisma, decisión, seguridad).	Un fundador de empresa con gran carisma logra motivar a su equipo sin necesidad de una estructura jerárquica rígida.
Teoría conductual	Lo importante es el comportamiento observable del líder. Distingue entre liderazgo orientado a la tarea y orientado a las personas.	Un responsable de área que equilibra productividad y bienestar demuestra liderazgo conductual efectivo.
Teoría situacional	No hay un estilo único: el líder adapta su conducta según la madurez y autonomía del grupo.	Un supervisor modifica su nivel de supervisión según la experiencia del empleado.
Liderazgo transformacional	El líder inspira, motiva y desarrolla a su equipo más allá del interés individual.	Una directora que fomenta la innovación y la visión compartida crea un entorno de alto compromiso.

Saber más

La teoría situacional de Hersey y Blanchard es una de las más aplicadas en la actualidad. Establece que el liderazgo debe adaptarse al nivel de madurez profesional de los colaboradores, combinando dirección y apoyo en distintas proporciones.

2. Estilos de dirección

El **estilo de dirección** es la manera en que una persona líder interactúa, comunica y toma decisiones con su equipo. No todos los estilos son igualmente adecuados: su eficacia depende del contexto, la cultura organizativa y la madurez del grupo.

Los diferentes estilos de dirección pueden clasificarse en función del grado de control y participación que el líder ejerce sobre el equipo. A continuación, se describen los más representativos:

Estilo de dirección	Descripción	Ventajas	Limitaciones
Autocrático	El líder toma las decisiones de forma unilateral y controla todas las acciones.	Agilidad en situaciones de emergencia; claridad de órdenes.	Puede generar desmotivación o dependencia excesiva.
Democrático o participativo	Se fomenta la participación y la toma de decisiones conjunta.	Aumenta la implicación y creatividad del grupo.	Puede ralentizar procesos si no se gestiona correctamente.
Liberal o laissez-faire	El líder delega ampliamente y permite gran autonomía.	Favorece la innovación y la autoorganización.	Riesgo de falta de coordinación o dispersión de esfuerzos.
Transformacional	Se centra en motivar e inspirar mediante una visión compartida.	Genera compromiso profundo y mejora continua.	Requiere alto nivel de madurez del equipo.
Transaccional	Basado en recompensas y sanciones por resultados.	Útil para tareas rutinarias o entornos muy estructurados.	Puede limitar la iniciativa individual y la motivación intrínseca.

En un restaurante con alta rotación de personal, la gerente aplica un estilo transaccional, ofreciendo incentivos económicos por objetivos de ventas. Sin embargo, con el equipo más estable del turno de noche adopta un estilo participativo, involucrándolos en la creación del nuevo menú. Así, adapta su dirección al contexto y tipo de empleados.

Seleccionar el estilo de dirección más apropiado implica analizar tres variables principales:

- **El nivel de madurez y competencia** del equipo.
- **La naturaleza de la tarea** (rutina, creatividad, riesgo, urgencia).
- **El entorno organizativo** (estructura, cultura, recursos disponibles).

Fig. 2. Un líder eficaz no se identifica con un único estilo, sino que combina distintos enfoques en función de las necesidades del momento; esta flexibilidad es clave para mantener la cohesión y el rendimiento

3. Cualidades del líder

El liderazgo efectivo no depende únicamente de la posición o del conocimiento técnico, sino del **conjunto de cualidades personales y profesionales** que permiten influir positivamente en el comportamiento de los demás. Estas cualidades determinan la **credibilidad, el respeto y la confianza** que un líder inspira en su equipo.

Entre las principales cualidades que definen a un líder competente pueden destacarse las siguientes:

Cualidad	Descripción	Aplicación práctica
Comunicación asertiva	Capacidad para expresar ideas con claridad, escuchar activamente y dar retroalimentación constructiva.	Un responsable de equipo comunica cambios en la planificación explicando las razones y escuchando sugerencias.
Empatía	Entender las emociones, necesidades y puntos de vista de los demás.	Un líder detecta el cansancio emocional del grupo y organiza descansos o incentivos.
Integridad	Actuar con coherencia y ética, cumpliendo compromisos.	Cumplir lo prometido genera credibilidad y respeto.
Capacidad de decisión	Tomar decisiones oportunas, incluso en contextos de incertidumbre.	Elegir una estrategia de actuación rápida ante una crisis operativa.
Motivación	Entusiasmar y contagiar energía positiva al grupo.	Celebrar los pequeños logros mantiene la moral alta.
Flexibilidad	Adaptar el estilo de dirección a las circunstancias.	Cambiar de un liderazgo directivo a uno participativo según la experiencia del equipo.
Orientación a resultados	Fijar metas claras y medir su cumplimiento.	Establecer objetivos semanales revisables por todos.

Anotación

La autenticidad es la base de todas las cualidades del liderazgo. Un líder auténtico inspira confianza porque su comportamiento refleja coherencia entre valores, palabras y acciones.

El liderazgo moderno requiere un alto nivel de **inteligencia emocional**, entendida como la capacidad para **reconocer, comprender y gestionar** las propias emociones y las de los demás.

Estas cualidades se agrupan en dos dimensiones principales:

- **Autogestión emocional**: control de impulsos, resiliencia, autocontrol y actitud positiva.
- **Gestión social**: empatía, influencia, cooperación y habilidades interpersonales.

En un equipo de atención al cliente con alta presión diaria, un supervisor con buena inteligencia emocional detecta la tensión en su grupo y organiza una breve reunión para escuchar inquietudes y ofrecer apoyo. El resultado es una mejora inmediata del clima laboral.

4. Tipos de liderazgo

Existen múltiples formas de ejercer el liderazgo. Cada tipo refleja **una manera diferente de dirigir, influir y motivar** al equipo, y puede resultar más o menos adecuado según el contexto organizacional y la madurez de los colaboradores.

A continuación, se presenta una clasificación de los estilos de liderazgo más reconocidos en la práctica empresarial:

Tipo de liderazgo	Características principales	Ventajas	Limitaciones
Autoritario	Control centralizado, decisiones unilaterales.	Eficaz en crisis o tareas urgentes.	Desmotiva si se mantiene a largo plazo.
Democrático	Participación del grupo en las decisiones.	Fomenta la creatividad y el compromiso.	Puede ralentizar el proceso de toma de decisiones.
Liberal (laissez-faire)	Amplia autonomía y mínima supervisión.	Favorece la innovación.	Riesgo de falta de control o dispersión.
Carismático	Influencia basada en el magnetismo personal.	Genera entusiasmo y sentido de pertenencia.	Depende excesivamente de la figura del líder.
Transformacional	Motiva mediante visión y desarrollo del potencial humano.	Mejora la implicación y la satisfacción laboral.	Requiere habilidades emocionales avanzadas.
Transaccional	Relación basada en recompensas y sanciones.	Útil para tareas estructuradas y medibles.	Puede limitar la creatividad.
Situacional	El líder adapta su estilo al nivel de madurez del grupo.	Flexible y realista.	Exige alto conocimiento del equipo.

En organizaciones modernas, el liderazgo transformacional y el situacional son los más valorados, ya que combinan orientación a resultados con desarrollo del talento y capacidad de adaptación.

Fig. 3. No existe un liderazgo universalmente perfecto; el más efectivo es aquel que se ajusta a la cultura de la organización, al perfil del equipo y al momento del proyecto

Para comprender mejor los tipos de liderazgo, se pueden analizar tres contextos distintos:

- Liderazgo autoritario en seguridad laboral: en una fábrica, el encargado impone protocolos estrictos para evitar accidentes, sin espacio para debate.
- Liderazgo democrático en innovación: en una startup, el líder convoca reuniones creativas donde cada miembro aporta ideas para nuevos productos.
- Liderazgo transformacional en hostelería: la directora de un hotel inspira al personal compartiendo una visión de servicio excelente y reconociendo públicamente los logros del equipo.

5. Madurez profesional

El concepto de **madurez profesional** hace referencia al **grado de competencia, autonomía y responsabilidad** que un trabajador o equipo posee en el desempeño de sus funciones. Este nivel condiciona el estilo de liderazgo más adecuado y la forma en que deben plantearse las tareas y la comunicación.

La madurez profesional combina dos dimensiones principales:

Dimensión	Definición	Indicadores
Competencia	Conjunto de conocimientos, habilidades y experiencia necesarios para realizar la tarea.	Dominio técnico, experiencia previa, resultados obtenidos.
Compromiso	Grado de motivación, responsabilidad y deseo de mejora.	Iniciativa, actitud ante el trabajo, disposición al aprendizaje.

Un empleado con gran conocimiento técnico pero baja motivación tiene alta competencia, pero bajo compromiso; por tanto, su madurez profesional global es media.

Según el modelo de **Hersey y Blanchard**, la eficacia del liderazgo depende de ajustar el estilo a los **niveles de madurez** del equipo. Los niveles se definen así:

Nivel de madurez (M)	Características del empleado o equipo	Estilo de liderazgo recomendado (S)
M1 – Baja madurez	Falta de conocimientos y poca seguridad.	**S1 – Directivo**: indicar tareas y supervisar constantemente.
M2 – Madurez moderada baja	Cierta capacidad técnica, pero poca confianza.	**S2 – Persuasivo**: orientar y motivar.
M3 – Madurez moderada alta	Competente, aunque necesita apoyo emocional.	**S3 – Participativo**: compartir decisiones y fortalecer autonomía.
M4 – Alta madurez	Altamente competente y motivado.	**S4 – Delegativo**: otorgar plena autonomía.

Anotación

Un error habitual en las organizaciones es aplicar un único estilo de liderazgo a todos los empleados. La eficacia aumenta cuando el líder adapta su comportamiento según el nivel de madurez profesional.

Ejemplo

En una empresa de consultoría, una directora identifica que los nuevos empleados (M1) necesitan instrucciones precisas, mientras que los consultores sénior (M4) requieren solo objetivos generales y libertad para alcanzarlos. De este modo, aplica liderazgo situacional para maximizar el rendimiento.

6. Factores de tarea

Los factores de tarea se refieren a los elementos relacionados con la **organización, planificación y ejecución del trabajo** dentro de un equipo. Estos factores determinan en gran medida el rendimiento colectivo, ya que influyen directamente en la productividad, la eficiencia y la calidad de los resultados.

Cada tarea dentro de un equipo requiere claridad en los objetivos, coordinación efectiva y seguimiento constante. Entre los factores de tarea más importantes se encuentran los siguientes:

Factor	Descripción	Impacto en el rendimiento
Definición de objetivos	Los miembros del equipo deben conocer con precisión qué se espera de ellos.	Mejora la orientación y reduce la ambigüedad.
Planificación	Establecer fases, recursos y plazos claros.	Aumenta la eficiencia y evita duplicidades.
Asignación de roles	Cada persona debe saber cuál es su responsabilidad específica.	Favorece la coordinación y la responsabilidad individual.
Recursos disponibles	Incluye tiempo, información, materiales y tecnología.	Determina la capacidad de ejecución.
Supervisión y control	Seguimiento del progreso y corrección de desviaciones.	Permite mantener el rumbo hacia los objetivos.

Ejemplo

En un proyecto de diseño multimedia, el líder del equipo asigna tareas concretas a cada diseñador, define los plazos y establece reuniones semanales de revisión. Gracias a una planificación clara y a la comunicación constante, el equipo cumple los objetivos en tiempo y forma.

El liderazgo eficaz busca equilibrar la orientación a la tarea con la atención a las personas. Un líder excesivamente centrado en la tarea puede lograr resultados a corto plazo, pero generar desmotivación o estrés en su equipo. Por el contrario, si se enfoca solo en el bienestar personal sin exigencia de resultados, puede disminuir el rendimiento.

Fig. 4. La clave está en combinar exigencia con apoyo, fomentando la autonomía sin descuidar la supervisión

7. Factores de relación

Los factores de relación se refieren a los aspectos que afectan la dinámica interpersonal dentro del equipo. Son los vínculos emocionales, comunicativos y sociales que determinan la cohesión del grupo y el clima laboral. Es importante recordar que un líder no solo gestiona tareas, sino personas. Los factores de relación más relevantes son:

Factor de relación	Descripción	Consecuencia positiva si se gestiona bien
Confianza mutua	Creencia en la honestidad y competencia de los demás.	Aumenta la colaboración y reduce la supervisión excesiva.
Comunicación abierta	Flujo constante de información veraz y accesible.	Previene malentendidos y fortalece la cohesión.
Reconocimiento	Valoración de los logros y aportaciones.	Refuerza la motivación y la autoestima laboral.
Apoyo emocional	Escucha activa y comprensión de dificultades personales.	Disminuye la tensión y mejora el clima laboral.
Respeto y equidad	Trato justo, sin favoritismos.	Promueve la estabilidad y la confianza.

Ejemplo

En una empresa de servicios, el líder reconoce semanalmente los logros del personal y fomenta espacios de diálogo. Como resultado, los trabajadores se sienten valorados y aumenta el compromiso con los objetivos del equipo.

El líder debe fomentar relaciones saludables mediante acciones concretas como:

- **Promover la participación** en las decisiones.
- **Resolver conflictos interpersonales** antes de que escalen.
- **Escuchar activamente** a todos los miembros.
- **Mantener la equidad** en el trato y la asignación de tareas.
- **Favorecer la cohesión** mediante objetivos comunes.

Un clima de trabajo positivo no se impone, se construye día a día a través de la coherencia, la comunicación y el ejemplo del líder.

8. El liderazgo y la comunicación

La comunicación es la herramienta fundamental del liderazgo. A través de ella, el líder **transmite información, orienta, motiva y coordina** las acciones del equipo. Sin comunicación efectiva, el liderazgo pierde su capacidad de influencia.

Una comunicación eficaz permite alinear esfuerzos y garantizar que todos comprendan los objetivos. El proceso comunicativo del líder debe cumplir cuatro principios básicos:

Principio comunicativo	Descripción	Resultado esperado
Claridad	Mensajes simples, directos y sin ambigüedades.	Comprensión rápida y reducción de errores.
Coherencia	Congruencia entre lo que se dice y se hace.	Genera credibilidad y confianza.
Escucha activa	Atención plena al interlocutor, con retroalimentación.	Mejora la empatía y la resolución de conflictos.
Retroalimentación constructiva	Comunicación bidireccional con enfoque de mejora.	Favorece el aprendizaje continuo.

Durante una reunión de seguimiento, el líder detecta que dos áreas no están coordinadas. En lugar de señalar errores, promueve un diálogo conjunto y busca soluciones colaborativas. El tono constructivo mejora la comunicación y el clima del equipo.

Los líderes utilizan diversos tipos de comunicación para guiar al equipo. A continuación, se presentan las más relevantes:

Tipo de comunicación	Dirección del flujo	Uso principal
Descendente	Del líder hacia el equipo.	Transmitir instrucciones, normas o decisiones.
Ascendente	Del equipo hacia el líder.	Recoger sugerencias, problemas o resultados.
Horizontal	Entre miembros del mismo nivel jerárquico.	Favorecer la coordinación y cooperación.
Diagonal	Entre diferentes departamentos o niveles.	Intercambiar información en proyectos transversales.

Fig. 5. El liderazgo efectivo se apoya en una comunicación bidireccional y transparente, que fomente tanto la participación como la responsabilidad individual

Es importante identificar los principales obstáculos que pueden entorpecer la comunicación entre líderes y equipos, así como las estrategias para superarlos:

Barreras comunes	Estrategias de mejora
Falta de claridad o exceso de tecnicismos.	Utilizar lenguaje sencillo y ejemplos concretos.
Escasa escucha o interrupciones constantes.	Practicar la escucha activa y respetar los turnos de palabra.
Juicios o críticas negativas.	Emplear un enfoque constructivo y orientado a soluciones.
Canales inadecuados o sobrecarga de información.	Seleccionar el medio más eficaz (reunión, correo, chat, etc.).

En un equipo remoto, el exceso de correos electrónicos genera confusión. El líder decide implementar breves reuniones virtuales diarias para revisar prioridades. La mejora en la coordinación es inmediata.

9. Motivación. Concepto

La motivación es el motor interno que impulsa a las personas a **actuar, esforzarse y mantener una conducta dirigida hacia un objetivo**. En el contexto laboral, representa la fuerza psicológica que determina cuánto, cómo y por qué una persona se compromete con su trabajo.

Motivar no significa solo "animar" o "premiar", sino despertar el interés y el compromiso de los trabajadores con las metas de la organización. La motivación combina tres componentes esenciales:

Componente	Descripción	Ejemplo
Dirección	Hacia qué objetivo se orienta el esfuerzo.	Un vendedor decide centrarse en fidelizar clientes.
Intensidad	Nivel de energía o esfuerzo invertido.	Dedicación extra en una campaña comercial.
Persistencia	Duración del esfuerzo a lo largo del tiempo.	Mantener el ritmo de trabajo pese a dificultades.

Un cocinero con alta motivación no solo cumple con sus tareas, sino que propone mejoras en las recetas, ayuda a sus compañeros y busca aprender nuevas técnicas. Su conducta va más allá del deber, porque encuentra significado y satisfacción en lo que hace.

Existen dos fuentes principales de motivación que interactúan entre sí:

Tipo de motivación	Origen	Características	Ejemplo laboral
Intrínseca	Interna. Nace del interés, el desafío o la satisfacción personal.	Se mantiene a largo plazo y genera compromiso auténtico.	Un diseñador disfruta creando un proyecto innovador.
Extrínseca	Externa. Depende de recompensas o presiones.	Eficaz a corto plazo, pero menos duradera.	Un empleado trabaja más para obtener un bono económico.

Recuerda

Un liderazgo inteligente no se limita a ofrecer recompensas, sino que busca fomentar la motivación intrínseca, despertando el orgullo por el trabajo bien hecho y la identificación con los valores del equipo.

10. Escuelas clásicas

Las **escuelas clásicas de la motivación** surgen a mediados del siglo XX y constituyen la base del pensamiento moderno sobre la conducta humana en el trabajo. Estas teorías aportan diferentes explicaciones sobre por qué las personas se esfuerzan y cómo los líderes pueden estimular su desempeño.

Escuela de las necesidades

Postula que las personas se mueven por la satisfacción progresiva de necesidades. Entre sus representantes se encuentran Abraham Maslow y Clayton Alderfer, quienes proponen jerarquías que explican la motivación humana en función de las carencias personales.

Si un trabajador siente que su puesto no es seguro (necesidad de seguridad), no podrá concentrarse en el desarrollo profesional (necesidad de autorrealización) hasta que la primera esté cubierta.

A. Escuela de los incentivos

Esta corriente considera que la motivación se produce por **recompensas externas**. Su premisa básica es que las personas repiten las conductas que son reconocidas o premiadas. De aquí derivan los sistemas de retribución variable, comisiones o bonificaciones por objetivos.

Tipo de incentivo	Ejemplo en el entorno laboral
Económico	Primas por ventas, comisiones, bonos.
No económico	Reconocimientos, ascensos, formación, días libres.

Aunque los incentivos son útiles, no deben convertirse en el único medio de motivación. Si no se acompañan de reconocimiento, comunicación y desarrollo profesional, pierden eficacia con el tiempo.

B. Escuela del comportamiento organizacional

Desarrollada en la segunda mitad del siglo XX, esta escuela sostiene que la motivación depende tanto de **factores individuales** como del **entorno de trabajo**: liderazgo, clima laboral, cultura organizacional y comunicación. Los estudios de Elton Mayo (experimentos de Hawthorne) demostraron que la atención y el reconocimiento del líder son más motivadores que las condiciones materiales por sí solas.

Los trabajadores de una fábrica mejoraron su rendimiento cuando sintieron que su opinión era escuchada por la dirección, aunque las condiciones físicas del entorno no hubiesen cambiado significativamente.

Estos hallazgos marcaron el paso del enfoque mecanicista de la administración científica al enfoque humanista, donde las personas se reconocen como el principal activo de la organización.

11. Jerarquía de necesidades

La **teoría de la jerarquía de necesidades** fue propuesta por **Abraham Maslow (1943)** y constituye uno de los modelos más influyentes sobre la motivación humana. Según Maslow, las necesidades se organizan en una **pirámide de cinco niveles**, donde las más básicas deben satisfacerse antes de que surjan las superiores.

Nivel	Tipo de necesidad	Descripción	Ejemplo en el ámbito laboral
Fisiológicas	Básicas para la supervivencia.	Alimentación, descanso, salario mínimo.	Un trabajador busca un empleo estable para cubrir sus gastos.
Seguridad	Protección física y estabilidad.	Entorno seguro, contrato, previsión social.	Valorar la continuidad laboral y un ambiente sin riesgos.
Sociales o de afiliación	Pertenencia y relaciones interpersonales.	Integración en el equipo, apoyo y amistad.	Sentirse parte del grupo de trabajo.
Estima	Reconocimiento y autoestima.	Respeto, valoración, logro personal.	Recibir elogios o ascensos por el buen desempeño.
Autorrealización	Desarrollo del potencial personal.	Creatividad, aprendizaje, autonomía.	Participar en proyectos desafiantes o innovadores.

Un empleado recién incorporado (centrado en seguridad y afiliación) valora la estabilidad y el apoyo del grupo. Con el tiempo, cuando se siente integrado, busca formación y nuevas responsabilidades (necesidad de autorrealización).

El líder debe identificar **en qué nivel de la pirámide se encuentra cada miembro del equipo**, para ajustar su estilo de motivación. Por ejemplo:

- Si predomina la necesidad de seguridad, debe ofrecer estabilidad y claridad en las tareas.
- Si el empleado busca reconocimiento, conviene proporcionar *feedback* positivo y oportunidades de visibilidad.
- En niveles de autorrealización, el líder debe delegar responsabilidades y promover la creatividad.

Fig. 6. La jerarquía de Maslow no implica un orden rígido; las personas pueden tener necesidades simultáneas o retroceder de nivel ante situaciones de inseguridad o estrés

La jerarquía de necesidades o pirámide de Maslow es una teoría psicológica formulada por Abraham Maslow en 1943, que explica cómo las personas priorizan sus necesidades humanas según su importancia para la supervivencia y el bienestar. Maslow propuso que las necesidades se organizan en niveles, desde las más básicas hasta las más elevadas: las fisiológicas (alimentación, descanso, refugio), las de seguridad (protección, estabilidad económica, salud), las sociales (afecto, pertenencia, amistad), las de estima (reconocimiento y respeto propio) y, finalmente, la autorrealización, que representa el desarrollo personal y la búsqueda del propio potencial.

En el ámbito médico y sanitario, esta jerarquía permite comprender cómo la satisfacción o carencia de determinadas necesidades afecta la salud física y mental. Por ejemplo, la falta de sueño o de nutrición adecuada puede generar enfermedades graves; la inseguridad económica puede causar estrés crónico; la carencia de vínculos sociales puede derivar en trastornos emocionales; y una baja autoestima puede influir en el abandono de tratamientos. De igual modo, cuando se promueve la autorrealización, los pacientes tienden a mostrar mayor adherencia terapéutica y mejor calidad de vida.

En la práctica médica, el modelo de Maslow orienta al profesional hacia una atención integral del paciente, priorizando primero las necesidades básicas antes de abordar metas más complejas. Esto implica garantizar entornos seguros y cómodos, fomentar el apoyo social mediante redes o terapias grupales y promover el autocuidado y la autoestima, especialmente en personas con enfermedades crónicas.

No obstante, esta teoría debe aplicarse con flexibilidad. No todas las personas siguen el mismo orden jerárquico, ya que los factores culturales, sociales y personales influyen en la forma en que se perciben las necesidades. Algunas personas, incluso sin cubrir todas las necesidades básicas, pueden hallar satisfacción en niveles superiores, como la creatividad o el propósito vital. Por ello, la jerarquía de Maslow sigue siendo una herramienta útil y vigente para comprender la motivación humana, siempre que se adapte a cada individuo y contexto.

12. Teoría de los dos factores

La **teoría de los dos factores** fue propuesta por **Frederick Herzberg (1959)** tras un estudio sobre la satisfacción laboral de ingenieros y contables. Herzberg concluyó que los elementos que generan satisfacción en el trabajo son distintos de los que provocan insatisfacción, y que ambos deben gestionarse por separado.

Según Herzberg, los factores laborales se dividen en dos grandes grupos:

Tipo de factor	Descripción	Ejemplos	Efecto en la motivación
Factores higiénicos (extrínsecos)	Se relacionan con el entorno laboral y las condiciones externas del trabajo.	Sueldo, políticas de empresa, seguridad laboral, relaciones con superiores, ambiente físico.	Su ausencia genera insatisfacción, pero su presencia no garantiza motivación.
Factores motivadores (intrínsecos)	Se relacionan con el contenido del trabajo y las oportunidades de desarrollo personal.	Reconocimiento, responsabilidad, logros, promoción, crecimiento profesional.	Su presencia genera satisfacción y compromiso.

Un empleado puede estar satisfecho con su salario (factor higiénico) pero sentirse desmotivado si su trabajo no le permite aprender ni asumir nuevos retos (falta de factores motivadores).

Un empleado puede estar satisfecho con su salario (factor higiénico) pero sentirse desmotivado si su trabajo no le permite aprender ni asumir nuevos retos (falta de factores motivadores).

El liderazgo efectivo debe **mantener los factores higiénicos en niveles adecuados** (para evitar la insatisfacción) y, al mismo tiempo, **potenciar los motivadores** (para fomentar la implicación).

Acción del líder	Factor gestionado	Resultado esperado
Establecer sueldos justos y ambiente seguro.	Higiénico	Evita conflictos y rotación.
Fomentar la autonomía y el reconocimiento del logro.	Motivador	Incrementa el compromiso y la creatividad.
Ofrecer oportunidades de formación y promoción.	Motivador	Estimula la autorrealización profesional.

Anotación

En la práctica, muchos líderes se centran en resolver problemas higiénicos (salarios, condiciones, horarios) sin abordar lo que realmente motiva: el sentido, el reconocimiento y el desarrollo.

13. Teoría de los tres impulsos básicos

La **teoría de los tres impulsos básicos**, formulada por **David McClelland (1961)**, sostiene que la conducta humana en el trabajo se guía principalmente por **tres necesidades o impulsos fundamentales** que varían en intensidad de una persona a otra.

Impulso o necesidad	Descripción	Conducta asociada en el trabajo
Necesidad de logro (N-Logro)	Deseo de alcanzar metas exigentes y obtener resultados sobresalientes.	Busca desafíos moderados, asume responsabilidad personal por los resultados y valora el *feedback*.
Necesidad de afiliación (N-Afiliación)	Deseo de establecer relaciones interpersonales positivas y de pertenecer a un grupo.	Prefiere trabajos cooperativos, evita conflictos y valora la aceptación social.
Necesidad de poder (N-Poder)	Deseo de influir, dirigir y controlar a otros.	Se orienta a posiciones de liderazgo, disfruta de la autoridad y busca reconocimiento.

Ejemplo

En una empresa de marketing, tres empleados destacan de manera distinta: uno busca liderar proyectos (N-Poder), otro se centra en cumplir metas personales exigentes (N-Logro) y un tercero se preocupa por mantener la armonía del equipo (N-Afiliación).

El líder debe identificar cuál de estos impulsos predomina en cada miembro del equipo para adaptar su forma de motivar:

Predomina en el empleado	El líder debe...
N-Logro	Establecer objetivos desafiantes y ofrecer retroalimentación constante.
N-Afiliación	Favorecer la cooperación y el trabajo en equipo.
N-Poder	Delegar responsabilidades y reconocer públicamente sus logros.

Anotación

McClelland consideraba que los mejores líderes son aquellos con alta necesidad de poder socializado (orientado al bien del grupo) y moderada necesidad de afiliación, ya que priorizan la eficacia colectiva sobre los intereses personales.

14. Teoría de la equidad

La **teoría de la equidad**, desarrollada por **J. Stacy Adams (1963)**, parte de la idea de que las personas buscan justicia y equilibrio entre lo que aportan al trabajo y lo que reciben a cambio.

Fig. 7. La motivación depende de la percepción subjetiva de equidad, más que de los valores objetivos

Los elementos básicos de la teoría son:

Elemento	Definición	Ejemplo laboral
Aportaciones (inputs)	Lo que el empleado entrega a la organización.	Esfuerzo, tiempo, conocimientos, experiencia, compromiso.
Recompensas (outputs)	Lo que el empleado recibe a cambio.	Salario, reconocimiento, promoción, beneficios.
Comparación social	Evaluación de la relación entre inputs y outputs frente a otros.	Comparar su salario o trato con el de compañeros similares.

Si un trabajador percibe que realiza el mismo esfuerzo que su compañero, pero recibe menor reconocimiento, experimentará sensación de inequidad, lo que puede generar desmotivación o reducción del rendimiento.

Cuando una persona percibe injusticia, puede reaccionar de diversas maneras:

Tipo de reacción	Comportamiento resultante
Reducción del esfuerzo	Trabajar menos o cumplir solo lo básico.
Reclamación directa	Solicitar una compensación o mejora.
Cambio de comparación	Buscar un nuevo referente para sentirse en equilibrio.
Abandono	Buscar otro empleo donde la relación percibida sea más justa.

La equidad no depende únicamente de la realidad objetiva, sino de la percepción individual. Por ello, la comunicación transparente y la coherencia del líder son esenciales para mantener la sensación de justicia en el equipo.

El líder debe **fomentar la equidad interna** mediante acciones concretas como:

- Comunicar de forma clara los criterios de evaluación y recompensa.
- Reconocer los esfuerzos individuales de manera visible.
- Asegurar que las promociones y beneficios sean **coherentes con el mérito**.

- Escuchar las percepciones de injusticia antes de que afecten al clima laboral.

Saber más

La teoría de la equidad se complementa con la teoría de la expectativa de Vroom, que explica cómo las personas eligen comportamientos en función de la probabilidad de obtener recompensas justas y valiosas.

15. Teoría de la expectativa

La **teoría de la expectativa**, propuesta por **Victor Vroom (1964)**, explica la motivación como un proceso **racional y cognitivo** mediante el cual las personas eligen su nivel de esfuerzo en función de la probabilidad percibida de alcanzar un resultado deseado.

Fig. 8. Las personas se esfuerzan más cuando creen que su esfuerzo conducirá a un buen desempeño y que ese desempeño será recompensado de manera valiosa

La motivación según Vroom depende de tres variables fundamentales:

Elemento	Definición	Ejemplo en el ámbito laboral
Expectativa (E → D)	Creencia de que el esfuerzo permitirá lograr un buen desempeño.	Un camarero confía en que, si se esfuerza, atenderá más mesas con eficiencia.
Instrumentalidad (D → R)	Creencia de que un buen desempeño conducirá a una recompensa.	Sabe que un servicio rápido y amable se traduce en mejores propinas o reconocimiento.
Valencia (valor de la recompensa)	Grado de atractivo o importancia que la persona da a esa recompensa.	Las propinas son un incentivo fuerte porque mejoran sus ingresos directos.

Si un empleado cree que su esfuerzo será reconocido (expectativa), que ese reconocimiento implicará un ascenso (instrumentalidad) y que dicho ascenso es valioso para él (valencia), su motivación será alta. Si alguno de estos tres componentes falla, la motivación disminuye.

El liderazgo debe garantizar que los tres factores estén presentes en la experiencia laboral de su equipo. Para ello:

- Clarificar expectativas y objetivos alcanzables.
- Vincular los resultados al reconocimiento real.
- Ofrecer recompensas alineadas con los valores personales de cada empleado.

Acción del líder	Factor influido	Resultado esperado
Comunicar metas claras y medibles.	Expectativa	Mayor sensación de control y confianza.
Cumplir las promesas de recompensa.	Instrumentalidad	Aumenta la credibilidad del líder.
Personalizar los incentivos según intereses.	Valencia	Incrementa la motivación individual.

La motivación no depende solo del esfuerzo; las personas analizan mentalmente si el esfuerzo valdrá la pena. Por ello, los líderes deben evitar promesas vagas o recompensas inconsistentes.

En una empresa de servicios financieros, el equipo comercial comenzó a mostrar un descenso en las ventas y en la implicación general. Los miembros acudían a las reuniones con desgana, apenas proponían ideas y algunos empezaron a faltar con frecuencia. El responsable del área, convencido de que la solución pasaba por motivar con dinero, aumentó los incentivos económicos. Sin embargo, el rendimiento siguió bajando y el clima laboral empeoró: los empleados comentaban que "ya no se escucha a nadie" y que "da igual esforzarse".

El problema no era tanto de incentivos como de motivación profunda. Siguiendo la teoría de Herzberg, se observó que los factores higiénicos (salario, estabilidad, condiciones) estaban cubiertos, pero faltaban los verdaderos motivadores: reconocimiento, desarrollo profesional y sentido del trabajo. Desde la visión de Maslow, las necesidades sociales y de estima estaban insatisfechas; el grupo no se sentía valorado ni integrado. Además, según Vroom, los trabajadores habían perdido la expectativa de que su esfuerzo se tradujera en recompensas reales, lo que anulaba su motivación.

Para revertir la situación, se introdujeron pequeñas pero significativas acciones. El líder comenzó a reconocer públicamente los logros, no solo en cifras, sino en calidad del servicio y colaboración interna. Se promovieron reuniones participativas para que el equipo propusiera mejoras, recuperando así el sentido de pertenencia. También se ofrecieron oportunidades de desarrollo —como la gestión de microproyectos comerciales—, que devolvieron autonomía y confianza.

En pocas semanas, el ambiente cambió: la comunicación se reactivó, el absentismo disminuyó y las ventas se recuperaron progresivamente. La experiencia demostró que, más allá del dinero, la motivación real surge cuando las personas se sienten escuchadas, reconocidas y parte de un propósito compartido.

16. Teoría del reforzamiento

La **teoría del reforzamiento**, basada en los trabajos de **B. F. Skinner (1974)**, se centra en cómo el **comportamiento humano se ve influido por sus consecuencias**.

Según esta teoría, las conductas seguidas de resultados positivos tienden a repetirse, mientras que las seguidas de consecuencias negativas tienden a desaparecer.

Existen distintos tipos de reforzadores y sanciones que pueden aplicarse en el entorno laboral:

Tipo de reforzamiento o consecuencia	Descripción	Ejemplo en la empresa
Reforzamiento positivo	Presentar un estímulo agradable tras una conducta deseada.	Reconocer públicamente el buen desempeño de un trabajador.
Reforzamiento negativo	Eliminar un estímulo desagradable cuando aparece la conducta deseada.	Dejar de supervisar constantemente a un empleado tras demostrar responsabilidad.
Castigo	Aplicar una consecuencia negativa para reducir una conducta.	Advertir o sancionar una falta de puntualidad reiterada.
Extinción	Retirar las recompensas que mantenían una conducta no deseada.	Dejar de reconocer una actitud improductiva o de atención innecesaria.

Un responsable de tienda observa que un empleado mejora su puntualidad tras recibir elogios cada semana (reforzamiento positivo). Cuando el reconocimiento se retira, la conducta vuelve a empeorar (extinción).

El líder debe aplicar la teoría del reforzamiento con equilibrio y coherencia:

- **Refuerza conductas positivas de forma inmediata** (por ejemplo, mediante felicitaciones).
- **Evita centrarse únicamente en castigar** los errores; el reconocimiento motiva más que la sanción.
- **Utiliza la retroalimentación como refuerzo continuo,** mostrando al empleado el

Fig. 9. El refuerzo debe ser proporcional, justo y frecuente, pero no predecible, para mantener el interés y evitar que se convierta en rutina

impacto de su trabajo.

Anotación

En la actualidad, muchos programas de gestión del talento utilizan el concepto de reforzamiento positivo intermitente, combinando reconocimiento espontáneo, recompensas simbólicas y retroalimentación constante.

Saber más

La teoría del refuerzo, también conocida como condicionamiento operante o teoría de Skinner, sostiene que el comportamiento futuro de una persona depende de las consecuencias de sus acciones pasadas. Según esta perspectiva, las conductas se repiten o se eliminan en función de si sus resultados fueron agradables o desagradables. Por tanto, esta teoría se centra en la relación entre conducta y consecuencia, no en la intención ni en la motivación interna del individuo, sino en cómo el entorno responde a sus actos.

Existen cuatro tipos principales de consecuencias. El refuerzo positivo consiste en ofrecer algo agradable (como un premio, ascenso o reconocimiento) para promover la repetición de una conducta deseada. El refuerzo negativo implica eliminar algo desagradable (por ejemplo, reducir el control o la supervisión excesiva) para fomentar la misma finalidad. Por otro lado, el castigo se utiliza para eliminar conductas no deseadas, ya sea añadiendo algo negativo (una sanción, una llamada de atención) o quitando algo positivo (una bonificación, un privilegio). Finalmente, la extinción ocurre cuando se deja de reforzar una conducta que antes era premiada, provocando que esta disminuya o desaparezca.

Los programas de refuerzo determinan cuándo y cómo se aplican las recompensas o sanciones. Pueden ser continuos (cada vez que ocurre la conducta deseada), de intervalo fijo (tras un periodo determinado, como el pago mensual de la nómina), de razón fija (tras un número concreto de acciones, como alcanzar cierta producción sin accidentes) o de razón variable (cuando la recompensa llega tras un número impredecible de comportamientos correctos). Este último suele ser el más efectivo para mantener la motivación, ya que el individuo no sabe exactamente cuándo llegará el refuerzo.

En conclusión, la teoría del refuerzo resalta la importancia de clarificar los objetivos y las consecuencias en las organizaciones. Los empleados deben saber qué comportamientos se esperan y qué recompensas o sanciones recibirán. Si los refuerzos se aplican sin una causa comprensible, pueden reforzarse conductas inadecuadas o perderse las deseadas. Por ello, la coherencia y la comunicación son esenciales para que los refuerzos —positivos o negativos— cumplan su función motivadora y favorezcan un comportamiento alineado con los objetivos organizacionales.

17. El liderazgo y la motivación

El vínculo entre **liderazgo y motivación** es esencial. Un buen líder no solo dirige, sino que inspira y despierta el compromiso de su equipo. El liderazgo eficaz se basa en comprender las necesidades humanas, aplicar técnicas motivacionales y mantener un entorno donde las personas se sientan valoradas y útiles.

El líder actúa como **mediador** entre los objetivos de la organización y las expectativas individuales del personal.

Sus principales funciones motivacionales incluyen:

Función del líder motivador	Descripción	Ejemplo práctico
Comunicar sentido y propósito	Conectar las tareas diarias con una visión global.	Explicar cómo el trabajo del equipo contribuye al éxito del cliente.
Reconocer los logros	Destacar el esfuerzo y celebrar las metas alcanzadas.	Enviar un mensaje público agradeciendo el esfuerzo del mes.
Desarrollar el talento	Ofrecer formación y oportunidades de crecimiento.	Proponer rotaciones o proyectos desafiantes.
Escuchar activamente	Comprender inquietudes y expectativas individuales.	Detectar señales de desmotivación antes de que se amplifiquen.
Generar confianza	Actuar con transparencia y coherencia.	Cumplir las promesas y proteger al equipo ante errores externos.

Un jefe de sala en un restaurante anima al personal reconociendo su esfuerzo tras un servicio intenso, propone mejoras sugeridas por los camareros y delega responsabilidades en quienes muestran iniciativa.
Resultado: mayor compromiso, menor rotación y un clima laboral positivo.

El liderazgo motivador combina estrategias **intrínsecas** (centradas en el desarrollo personal) y **extrínsecas** (basadas en recompensas externas). Algunas de las más efectivas son:

- Participación en la toma de decisiones.

- Delegación responsable y confianza.
- *Feedback* constructivo y frecuente.
- Equilibrio entre exigencia y apoyo.
- Celebración de logros individuales y colectivos.

Un líder motivador no se limita a "dar órdenes", sino que **crea condiciones psicológicas favorables** para que el equipo desee dar lo mejor de sí.

En el liderazgo contemporáneo destacan modelos como el liderazgo transformacional, que motiva a través de la visión, la inspiración y el crecimiento personal del equipo, y el liderazgo servicial, centrado en poner las necesidades de los demás por encima de las propias.

En una empresa de diseño gráfico, el equipo creativo atravesaba un periodo de desánimo. Las jornadas eran largas, los plazos ajustados y los resultados apenas recibían comentarios por parte de la dirección. Aunque los proyectos salían adelante, el entusiasmo había desaparecido: los diseñadores trabajaban por inercia, sin implicación real ni sentido de pertenencia.

La nueva directora de área, Inés, percibió rápidamente que el problema no era técnico, sino emocional. En lugar de centrarse en exigir más productividad, apostó por un estilo de liderazgo transformacional, basado en la inspiración, el reconocimiento y la visión compartida. Reunió al equipo para recordar el propósito de su trabajo: crear experiencias visuales que conectaran con las personas. Cada integrante pudo aportar ideas sobre cómo mejorar los procesos y presentar sus proyectos más destacados.

A partir de entonces, Inés empezó a reconocer públicamente los logros individuales y colectivos, no solo los resultados finales, sino también el esfuerzo y la creatividad invertidos. Implementó un pequeño espacio semanal de "aprendizajes compartidos", donde cada persona mostraba algo que había descubierto o mejorado.

En pocas semanas, el ambiente cambió. La motivación ya no dependía de recompensas externas, sino de la satisfacción interna por el trabajo bien hecho, el crecimiento profesional y el orgullo de pertenecer al grupo. Según las teorías de motivación intrínseca, el refuerzo positivo, la autonomía y el sentido del propósito activaron el compromiso sostenido del equipo.
El caso evidenció que el reconocimiento constante y auténtico, unido a una visión que inspire, es una de las herramientas más poderosas para transformar un equipo cansado en uno motivado y creativo.

18. Evaluar la motivación

La evaluación de la motivación es un proceso que permite identificar el **nivel de compromiso, satisfacción y energía** de los miembros del equipo. Su análisis ayuda al líder a **ajustar estrategias**, prevenir conflictos y diseñar medidas que incrementen la productividad y el bienestar laboral.

Antes de aplicar instrumentos o técnicas de evaluación, es importante comprender para qué se evalúa. Los principales objetivos son:

- Detectar niveles de satisfacción y posibles causas de desmotivación.
- Medir el impacto de las acciones de liderazgo o incentivos aplicados.
- Identificar necesidades de desarrollo o reconocimiento dentro del equipo.
- Planificar mejoras en el clima laboral y en la gestión del talento.

Una empresa observa un descenso en la productividad. Antes de tomar decisiones drásticas, el responsable realiza una encuesta de motivación que revela falta de reconocimiento y exceso de control. Gracias a ello, adapta su estilo de liderazgo y recupera el compromiso del equipo.

Existen diversos métodos para evaluar la motivación en un equipo de trabajo. Cada uno ofrece una perspectiva distinta:

Método	Descripción	Ventajas
Encuestas y cuestionarios	Permiten obtener una visión general mediante preguntas estandarizadas.	Fáciles de aplicar y comparar a lo largo del tiempo.
Entrevistas individuales	Conversaciones directas con los empleados para conocer su percepción.	Profundizan en aspectos personales y emocionales.
Observación directa	El líder analiza actitudes, participación y energía en el día a día.	Refleja la motivación real más allá de las palabras.
Indicadores de comportamiento	Rotación, absentismo, participación en reuniones, cumplimiento de metas.	Miden efectos concretos de la motivación.

Fig. 10. La motivación no siempre se mide con números, también se interpreta en gestos, tono y participación; un equipo que propone mejoras o se ayuda mutuamente suele estar motivado, aunque no lo exprese directamente

19. Aspectos básicos del plan de motivación

Un plan de motivación es una herramienta estratégica diseñada para aumentar el compromiso, satisfacción y rendimiento de las personas dentro de una organización. Este plan debe alinearse con los objetivos corporativos y, al mismo tiempo, adaptarse a las necesidades humanas del equipo.

Antes de detallar las fases del plan, conviene entender qué elementos lo componen.

Elemento	Descripción
Diagnóstico inicial	Evaluar el nivel actual de motivación y detectar áreas de mejora.
Objetivos del plan	Establecer metas concretas y medibles (por ejemplo: reducir rotación, mejorar clima laboral).
Estrategias motivacionales	Acciones destinadas a mejorar la satisfacción (formación, reconocimiento, incentivos, participación).
Recursos necesarios	Presupuesto, tiempo y personal para implementar las acciones.
Evaluación y seguimiento	Medición periódica de resultados y reajuste de las estrategias.

El diseño de un plan de motivación suele desarrollarse en varias etapas:

- **Diagnóstico de la situación actual:** Se analizan los niveles de satisfacción, clima laboral y principales causas de desmotivación.

- **Definición de objetivos motivacionales:** Por ejemplo, aumentar el compromiso del personal un 20% en seis meses.
- **Selección de estrategias:** Se eligen las medidas más adecuadas para el contexto (formación, incentivos, liderazgo participativo, etc.).
- **Implantación del plan:** Comunicación de las acciones al equipo y puesta en marcha.
- **Evaluación de resultados:** Se comparan los indicadores antes y después del plan para valorar su eficacia.

Una cadena hotelera elabora un plan de motivación que incluye: formación en atención al cliente, reconocimiento mensual al "empleado del mes" y un canal de sugerencias internas. Tras seis meses, los índices de satisfacción y fidelización de clientes aumentan notablemente.

El plan debe incluir estrategias **tanto extrínsecas como intrínsecas**, equilibradas entre incentivos y desarrollo personal:

Tipo de estrategia	Ejemplos concretos
Económicas	Bonificaciones, comisiones, primas, mejoras salariales.
Sociales	Actividades de equipo, programas de bienestar, eventos de integración.
Profesionales	Formación continua, promoción interna, rotación de puestos.
Reconocimiento	Premios simbólicos, menciones, agradecimientos públicos.
Flexibilidad	Horarios adaptables, teletrabajo, autonomía en decisiones.

Un plan motivacional eficaz no busca "comprar" la motivación, sino **estimular la identificación y el orgullo de pertenencia**. Las medidas deben ser coherentes con la cultura y los valores de la organización.

20. Comunicación y motivación

La **comunicación** es uno de los pilares esenciales de la motivación laboral. A través de ella, el líder **transmite confianza, reconocimiento y sentido de**

pertenencia, favoreciendo un entorno donde las personas se sienten escuchadas y valoradas.

La comunicación efectiva actúa como **vehículo del reconocimiento**. Cuando los empleados reciben información clara, *feedback* constructivo y posibilidad de participación, aumenta su sensación de control y pertenencia. En cambio, la **falta de comunicación** genera incertidumbre, desconfianza y apatía.

Tipo de comunicación	Efecto sobre la motivación
Transparente y bidireccional	Fomenta la confianza y la implicación.
Unilateral o autoritaria	Reduce la participación y la iniciativa.
Reconocedora y empática	Refuerza la autoestima y el compromiso.
Deficiente o confusa	Provoca inseguridad y desmotivación.

Ejemplo

Un responsable de área que comparte abiertamente los resultados de la empresa, escucha sugerencias y responde con claridad a las dudas, consigue un equipo más implicado y colaborador.

El líder puede emplear distintas técnicas para que su comunicación tenga un **efecto positivo y duradero** en la motivación de su equipo:

- *Feedback* **constructivo:** destacar los logros antes que los errores, y ofrecer orientación para mejorar.
- **Escucha activa:** mostrar interés genuino por las opiniones y preocupaciones del equipo.
- **Refuerzo positivo:** elogiar públicamente los comportamientos deseables.
- **Mensajes inspiradores:** vincular los objetivos individuales con la misión del grupo.
- **Comunicación emocionalmente inteligente:** adaptarse al tono, ritmo y receptividad del interlocutor.

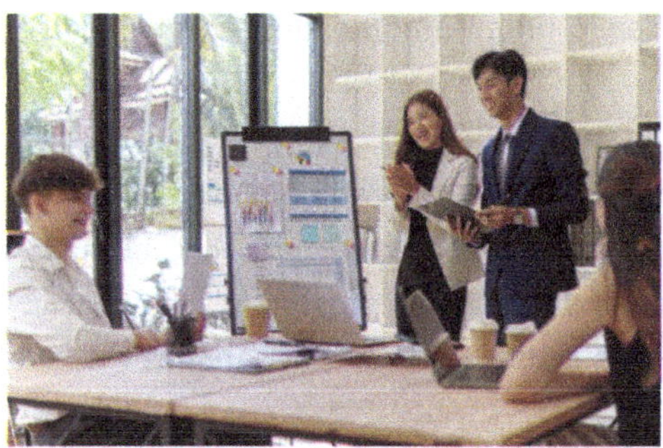

Fig. 11. La comunicación motivadora no se limita a "hablar bien", sino a transmitir emociones, coherencia y propósito: el tono, el lenguaje corporal y la constancia son tan importantes como las palabras

Los líderes pueden apoyarse en herramientas y canales que refuercen la interacción positiva entre los miembros del grupo:

Herramienta	Uso motivacional
Reuniones participativas	Espacios para compartir avances y reconocer logros.
Intranet o canales internos	Publicar noticias, mensajes de agradecimiento y resultados.
Encuestas de clima laboral	Escuchar la opinión del equipo y demostrar interés por su bienestar.
Mensajería interna o apps colaborativas	Facilitan la comunicación inmediata y reducen distancias jerárquicas.

Ejemplo

En una empresa de servicios, se crea un canal digital de "buenas noticias" donde los compañeros reconocen públicamente los logros de otros. El clima laboral mejora y la iniciativa aumenta.

La comunicación motivadora no solo informa: **transforma**. Un líder que comunica con empatía y coherencia se convierte en un **referente de confianza y entusiasmo** para su equipo.

21. Delegación

La delegación es una habilidad esencial del liderazgo moderno. Consiste en **transferir autoridad y responsabilidad** a los miembros del equipo para que realicen determinadas tareas o tomen decisiones dentro de un marco definido.

Delegar no significa "desentenderse", sino **confiar y empoderar** a los colaboradores para que crezcan profesionalmente y contribuyan con mayor autonomía al logro de los objetivos.

Una correcta delegación tiene un impacto positivo tanto en el líder como en el equipo. Permite **optimizar recursos, mejorar la eficiencia y desarrollar talento**.

Beneficio de la delegación	Descripción
Ahorro de tiempo del líder	Libera al responsable para centrarse en tareas estratégicas.
Desarrollo profesional del equipo	Fortalece la autonomía, la responsabilidad y la autoestima.
Mejora del clima laboral	Genera confianza y compromiso al reconocer las capacidades del grupo.
Mayor eficiencia	Se asignan las tareas a quienes poseen las competencias adecuadas.
Preparación de futuros líderes	Favorece el crecimiento interno y la sucesión natural.

En una empresa de restauración, la gerente delega la supervisión del turno de mediodía en el encargado más experimentado. Con ello, libera tiempo para analizar la estrategia comercial y, a la vez, el empleado desarrolla nuevas competencias de liderazgo operativo.

Fig. 12. Delegar no es perder control, sino ganar tiempo y compromiso; un líder que no delega se convierte en un cuello de botella que frena el desarrollo de su equipo

22. ¿Qué es delegar?

Delegar es el **acto de transferir autoridad para ejecutar una tarea**, conservando la **responsabilidad final del resultado**. Implica un equilibrio entre **confianza, comunicación y control**. La delegación efectiva requiere asignar tareas de forma planificada, estableciendo **límites claros y objetivos concretos**. Antes de delegar, el líder debe analizar tres aspectos fundamentales:

Elemento	Descripción	Preguntas orientativas
Tarea	Qué actividad puede ser realizada por otra persona.	¿Es rutinaria o requiere decisiones estratégicas?
Persona	A quién se delegará la tarea.	¿Tiene la capacidad y la motivación adecuadas?
Supervisión	Cómo y cuándo se revisará el avance.	¿Qué nivel de control es necesario sin limitar la autonomía?

Un director de hotel delega la gestión de eventos en una responsable de banquetes. Le indica los objetivos de rentabilidad, el presupuesto y los plazos, pero le deja libertad para negociar con proveedores. Supervisa los resultados semanales sin intervenir en los detalles.

Para que la delegación sea exitosa, deben cumplirse ciertas condiciones:

- **Claridad en los objetivos y resultados esperados.**
- **Adecuación de la tarea a las competencias del colaborador.**
- **Comunicación bidireccional:** el delegado debe poder preguntar y recibir orientación.
- **Confianza mutua y disposición a asumir responsabilidades.**
- **Supervisión equilibrada:** acompañar sin microgestionar.

Buena práctica	Mala práctica
Explicar claramente el propósito y el contexto.	Asignar tareas sin detallar objetivos.
Escoger a la persona por competencia, no por simpatía.	Delegar solo en los mismos empleados.
Dar autonomía progresiva.	Controlar cada paso y corregir constantemente.

Delegar no significa "pasar trabajo", sino traspasar poder de decisión dentro de un marco de confianza. Si el colaborador no puede decidir, no se trata de delegación, sino de simple asignación de tareas.

23. ¿Qué podemos delegar?

No todas las tareas pueden o deben delegarse. El líder debe distinguir entre **aquellas que requieren su intervención directa** y las que pueden ser ejecutadas por otros miembros del equipo. Una buena práctica es aplicar el criterio de **"valor añadido del líder"**: todo aquello que no aporte valor estratégico directo puede delegarse.

A continuación, se presenta una clasificación orientativa:

Tipo de tarea	Ejemplo	Delegable
Rutinaria o administrativa	Elaborar informes, registrar datos, coordinar agendas.	Sí. Ahorra tiempo y mejora la eficiencia.
Técnica o especializada	Aplicar procedimientos concretos, revisar materiales.	Si el colaborador domina la técnica.
De desarrollo	Formación, liderazgo de pequeños proyectos, coordinación de equipos.	Ideal para potenciar talento.
Confidencial o estratégica	Negociaciones clave, decisiones financieras, evaluación de personal.	No. Requieren criterio y responsabilidad directa del líder.
De comunicación institucional	Representación externa o relación con clientes estratégicos.	No, salvo casos de sustitución temporal.

Un responsable de recursos humanos delega en su asistente la organización logística de una jornada formativa (contactar con proveedores y preparar materiales), pero mantiene bajo su control la selección de ponentes y el contenido académico.

Antes de delegar, conviene analizar las siguientes preguntas:
- ¿La tarea contribuye directamente a la estrategia del líder?
  - o Si no, es candidata a ser delegada.
- ¿El colaborador tiene la capacidad o puede desarrollarla?
  - o Si sí, es una oportunidad de aprendizaje.
- ¿La tarea implica riesgo o confidencialidad alta?
  - o Si sí, debe mantenerse bajo control del líder.
- ¿La ejecución por otra persona mejora la eficiencia global?
  - o Si sí, conviene transferirla.

Criterio	Recomendación
Frecuencia de la tarea	Las tareas repetitivas son las más adecuadas para delegar.
Grado de impacto	Delegar las de impacto medio; reservar las críticas o estratégicas.
Nivel de especialización del equipo	Cuanto mayor sea la competencia, mayor capacidad de delegar.

La delegación eficaz requiere una **visión de confianza y desarrollo**, no de control. Cuanto más competente sea el equipo, más podrá delegarse y más tiempo tendrá el líder para pensar estratégicamente.

En una agencia de marketing, la directora delega la redacción de informes mensuales y la gestión de redes sociales en dos especialistas. Ella se reserva la supervisión final y la negociación con clientes clave. Resultado: mayor agilidad, autonomía y creatividad en el equipo.

24. Fases de la delegación

Delegar no consiste en "pasar tareas", sino en un **proceso estructurado** que requiere análisis, comunicación y seguimiento. Un líder eficaz debe planificar cuidadosamente **qué delegar, a quién, cómo y cuándo**, garantizando que la transferencia de responsabilidades se realice de forma ordenada.

La delegación puede dividirse en **cinco fases fundamentales**:

Fase	Descripción	Acciones del líder
Identificación de tareas delegables	Análisis de las actividades que pueden transferirse sin comprometer la responsabilidad estratégica.	Seleccionar tareas rutinarias, técnicas o de desarrollo.
Selección de la persona adecuada	Elección del colaborador según sus competencias, motivación y carga de trabajo.	Evaluar capacidades, experiencia y disponibilidad.
Comunicación y asignación	Transmisión clara de los objetivos, límites y resultados esperados.	Explicar el propósito, los plazos y los criterios de éxito.
Seguimiento y apoyo	Supervisar el progreso sin interferir en la autonomía.	Ofrecer orientación, resolver dudas y reforzar la confianza.
Evaluación de resultados	Revisión conjunta del desempeño y aprendizaje obtenido.	Reconocer logros y plantear mejoras futuras.

En una agencia de eventos, el director delega la gestión de un proyecto en una coordinadora. Define objetivos claros, fija hitos de control semanales y ofrece apoyo para resolver imprevistos. Al final, revisan juntos los resultados y extraen aprendizajes para futuros proyectos.

Para delegar con éxito, el líder debe evitar ciertos comportamientos que obstaculizan el proceso:

Error común	Consecuencia
Delegar sin explicar claramente el objetivo.	Confusión, errores y pérdida de tiempo.
Elegir al colaborador por afinidad, no por capacidad.	Falta de resultados y desmotivación.
Controlar excesivamente el proceso.	Pérdida de autonomía y desconfianza.
No dar seguimiento ni reconocimiento.	Sensación de abandono o desinterés.

Fig. 13. La delegación es un proceso de doble aprendizaje: el líder aprende a confiar y el colaborador desarrolla responsabilidad, y ambos deben asumir sus roles con compromiso y comunicación

El responsable de una agencia de marketing digital, Andrés, llevaba meses acumulando tareas. Supervisaba campañas, aprobaba presupuestos, atendía clientes y resolvía incidencias del equipo. Su jornada terminaba cada día con la sensación de no haber avanzado en lo realmente importante. Aunque contaba con profesionales competentes, le costaba confiar plenamente en que las cosas saldrían bien sin su revisión constante.

La situación empezó a afectar al equipo: los plazos se retrasaban y el ambiente se volvía tenso. Andrés entendió que el problema no era de capacidad, sino de falta de delegación efectiva. Decidió aplicar un proceso estructurado para transferir responsabilidades sin perder el control. Primero, analizó qué tareas podía delegar: la elaboración de informes y la gestión de redes sociales, que no requerían su intervención directa. Después, eligió cuidadosamente a las personas más adecuadas según su experiencia y motivación. En lugar de dar órdenes, mantuvo una reunión clara de asignación, explicando los objetivos, plazos y criterios de éxito, y dejando espacio para preguntas.

Durante la ejecución, implementó un seguimiento ligero: revisiones semanales breves centradas en avances, no en microgestión. Al finalizar, realizó una evaluación conjunta para identificar aciertos y oportunidades de mejora, reconociendo públicamente el trabajo bien hecho.

El resultado fue inmediato. Andrés pudo concentrarse en tareas estratégicas, mientras el equipo ganó autonomía y seguridad. Delegar no supuso perder control, sino compartir responsabilidad: una forma más madura y eficiente de liderar.

El resultado fue inmediato. Andrés pudo concentrarse en tareas estratégicas, mientras el equipo ganó autonomía y seguridad. Delegar no supuso perder control, sino compartir responsabilidad: una forma más madura y eficiente de liderar.

25. Entrevista de delegación

La **entrevista de delegación** es el momento clave del proceso, en el que el líder comunica formalmente la tarea a la persona elegida. No se trata solo de dar instrucciones, sino de establecer un compromiso mutuo y aclarar expectativas, recursos y plazos.

El propósito de la entrevista es doble:

- **Alinear objetivos:** asegurar que el colaborador comprende lo que se espera de él.
- **Motivar y comprometer:** generar entusiasmo y confianza en la nueva responsabilidad.

Una jefa de producción reúne a un técnico para asignarle la coordinación de un nuevo proyecto. Le explica el propósito, el impacto de su trabajo en la empresa, y le da autonomía para organizar al equipo. Al final de la reunión, ambos acuerdan un plan de seguimiento semanal.

A continuación, se muestran los temas que deben abordarse durante la entrevista:

Aspecto	Preguntas o acciones del líder	Objetivo
Definición del objetivo	"¿Qué se espera lograr exactamente con esta tarea?"	Asegurar comprensión y concreción.
Resultados esperados	"¿Qué entregables o indicadores de éxito manejaremos?"	Clarificar estándares de desempeño.
Recursos y medios disponibles	"¿Qué necesitas para realizar tu trabajo eficazmente?"	Identificar apoyos y necesidades.
Grado de autonomía	"¿Hasta qué punto puedes decidir sin consultar?"	Evitar interferencias innecesarias.
Plazos y seguimiento	"¿Qué fechas de control y revisión estableceremos?"	Mantener el control sin microgestión.

Una entrevista de delegación no debe parecer una orden, sino una **oportunidad de desarrollo profesional**. El líder debe emplear un tono de colaboración y respeto, mostrando confianza en las capacidades del colaborador:

- **Escuchar activamente** las dudas del colaborador.
- **Reformular acuerdos** para asegurar comprensión mutua.
- **Motivar con reconocimiento** ("Confío en que podrás hacerlo con éxito").
- **Evitar tecnicismos excesivos** o instrucciones contradictorias.
- **Finalizar con un resumen claro** de objetivos, recursos y plazos.

El líder concluye la reunión diciendo: "Entonces, acordamos que liderarás la presentación al cliente, tendrás apoyo del departamento de diseño, y revisaremos el avance el jueves. Estoy seguro de que tu experiencia será clave para el éxito del proyecto".

26. El control durante la delegación

El **control** en la delegación no significa desconfianza, sino **acompañamiento y seguimiento planificado**. Su objetivo es garantizar que la tarea avanza conforme a lo previsto, sin interferir en la autonomía del colaborador.

El líder puede aplicar distintos tipos de control según el nivel de autonomía del equipo:

Tipo de control	Descripción	Aplicación práctica
Control inicial (preventivo)	Se establece antes de iniciar la tarea para definir objetivos, recursos y procedimientos.	Revisar el plan de trabajo y asignar responsabilidades.
Control intermedio (de proceso)	Se realiza durante la ejecución para detectar desviaciones y ofrecer apoyo.	Reuniones breves de seguimiento o revisión de hitos.
Control final (evaluativo)	Se efectúa al término de la tarea para valorar resultados y aprendizajes.	Analizar logros, dificultades y propuestas de mejora.

En un proyecto de diseño, el director revisa el avance cada viernes (control intermedio) para corregir desviaciones y garantizar coherencia con los objetivos. Al finalizar, realiza una sesión de *feedback* con todo el equipo (control final).

En un proyecto de diseño, el director revisa el avance cada viernes (control intermedio) para corregir desviaciones y garantizar coherencia con los objetivos. Al finalizar, realiza una sesión de *feedback* con todo el equipo (control final).

Para ejercer un control eficiente, el líder puede emplear diversas herramientas:

Herramienta	Utilidad
Reuniones de seguimiento	Mantienen la comunicación abierta y previenen errores.
Informes de progreso	Permiten documentar avances y detectar desviaciones.
Indicadores de desempeño (KPIs)	Miden productividad, calidad o cumplimiento de plazos.
Listas de verificación (checklists)	Garantizan que no se omitan tareas críticas.
***Feedback* continuo**	Refuerza la confianza y el aprendizaje.

Recuerda

El exceso de control genera desconfianza y dependencia. El liderazgo moderno busca un control basado en la confianza y la responsabilidad compartida, no en la vigilancia constante.

Una vez concluida la tarea delegada, el líder debe realizar una **evaluación conjunta** con el colaborador. Esta etapa permite consolidar el aprendizaje y reforzar la relación profesional.

Aspecto a revisar	Preguntas de evaluación
Resultados obtenidos	¿Se cumplieron los objetivos y plazos?
Proceso y comunicación	¿Hubo obstáculos que pudieron evitarse?
Aprendizaje y desarrollo	¿Qué habilidades nuevas se adquirieron?
Reconocimiento	¿Se valoró adecuadamente el esfuerzo realizado?

Ejemplo

Tras finalizar un proyecto, el líder analiza junto al colaborador los aciertos y errores. Felicita por la gestión autónoma y acuerdan nuevas tareas con mayor nivel de responsabilidad. Este cierre refuerza la motivación y la confianza mutua.

En las metodologías ágiles, el control durante la delegación se realiza mediante **revisiones cortas y periódicas** (por ejemplo, reuniones "scrum" o "stand up meetings"), centradas en el progreso, los obstáculos y la planificación inmediata.

27. Gestión de los conflictos

El conflicto es una parte natural e inevitable de la convivencia en cualquier organización. Surge cuando **dos o más personas perciben intereses, objetivos o valores incompatibles**. Sin embargo, un conflicto no es necesariamente negativo: bien gestionado, puede convertirse en una fuente de mejora, innovación y cohesión.

Fig. 14. El conflicto puede definirse como una situación de desacuerdo o tensión entre personas o grupos que tienen percepciones o intereses diferentes respecto a una misma realidad

En el contexto laboral, puede manifestarse a través de malentendidos, rivalidades, falta de comunicación o desigualdades de recursos.

Dos departamentos discuten sobre la prioridad de un proyecto: el área de marketing quiere lanzarlo cuanto antes, mientras que producción necesita más tiempo para garantizar la calidad. La discrepancia genera tensión, pero el diálogo estructurado permite encontrar una solución que equilibra ambas necesidades.

Antes de gestionarlo, conviene identificar el tipo de conflicto existente:

Tipo de conflicto	Descripción	Ejemplo laboral
Intrapersonal	Surge dentro de una misma persona (dudas, dilemas, valores en conflicto).	Un empleado que desea ascender pero teme perder su equilibrio personal.
Interpersonal	Entre dos personas con intereses o estilos diferentes.	Un encargado exige rapidez, mientras un técnico prioriza precisión.
Intragrupal	Dentro de un mismo equipo de trabajo.	Diferencias entre miembros sobre métodos de trabajo.
Intergrupal	Entre equipos o departamentos de la organización.	Competencia entre ventas y logística por la asignación de recursos.

 **Anotación**

No todos los conflictos deben evitarse. Algunos son funcionales, ya que impulsan la creatividad, la reflexión y la mejora de procesos. Lo importante es cómo se gestionan.

Saber más

Un conflicto laboral en una empresa se define como una mala relación entre dos o más trabajadores que afecta el desempeño y la dinámica dentro del entorno de trabajo. Suele manifestarse mediante discusiones, desconfianza o falta de cooperación, y tiene siempre una causa subyacente, como diferencias de objetivos, valores, intereses o formas de trabajar. Aunque en la mayoría de los casos estos conflictos resultan perjudiciales, también pueden tener un aspecto positivo si se gestionan adecuadamente, ya que el intercambio de diferentes puntos de vista puede fomentar la creatividad, mejorar la comunicación interna y fortalecer las habilidades sociales del equipo.

Los conflictos laborales pueden clasificarse, según su impacto, en funcionales y disfuncionales. Los funcionales aportan beneficios a la organización, ya que promueven mejoras y nuevas soluciones una vez resueltos, como ocurre cuando dos departamentos debaten la mejor manera de ejecutar un proceso. En cambio, los disfuncionales generan efectos negativos porque desvían la atención de los objetivos de la empresa, deterioran el clima laboral y reducen la productividad, como sucede cuando las disputas se mantienen por orgullo o rivalidades personales.

Según las personas implicadas, existen diferentes tipos de conflicto: los intrapersonales, que ocurren dentro de un individuo al no estar conforme con sus tareas u objetivos; los interpersonales, que surgen entre compañeros por diferencias de opinión o intereses; los intragrupales, que afectan a los miembros de un mismo equipo al no coincidir en estrategias o decisiones; y los intergrupales, que se producen entre distintos departamentos o grupos de trabajo dentro de la organización.

Para solucionar un conflicto laboral, es fundamental detectar a tiempo los primeros signos de desacuerdo y actuar con un plan de resolución que permita manejar la situación de forma objetiva y beneficiosa para todas las partes. La mediación, la comunicación abierta, la escucha activa y el liderazgo conciliador son herramientas esenciales para restaurar el clima laboral, garantizar el bienestar de los empleados y mantener la productividad y cohesión dentro de la empresa.

28. Conflictos habituales en la empresa

En el entorno empresarial, los conflictos surgen por la interacción constante entre personas, recursos y objetivos diversos. Identificar sus causas más comunes ayuda al líder a prevenirlos antes de que afecten al clima laboral o a la productividad.

Causa	Descripción	Consecuencias posibles
Falta de comunicación	Información incompleta, ambigua o inexistente.	Malentendidos, rumores, desconfianza.
Distribución desigual de recursos	Diferencias en la asignación de tiempo, presupuesto o personal.	Sentimiento de injusticia o competencia interna.
Objetivos contradictorios	Departamentos o individuos con metas opuestas.	Dificultad para coordinar y cooperar.
Diferencias personales o de valores	Personalidades, creencias o estilos de trabajo incompatibles.	Tensiones interpersonales y desmotivación.
Falta de liderazgo o autoridad ambigua	Inseguridad sobre responsabilidades y jerarquías.	Caos organizativo y pérdida de confianza.
Sobrecarga laboral o estrés	Exceso de tareas y presión por resultados.	Frustración, irritabilidad y errores.

Ejemplo

En una empresa logística, el departamento de ventas ofrece plazos de entrega que producción no puede cumplir. La falta de comunicación genera retrasos y mal ambiente. Una reunión conjunta dirigida por el líder permite establecer protocolos de coordinación más realistas.

El líder debe estar atento a **signos tempranos** que revelen la existencia de un conflicto, incluso cuando no se expresa abiertamente:

- Disminución del rendimiento o aumento de errores.
- Reuniones tensas o silencios prolongados.
- Críticas veladas o ironías entre compañeros.
- Aislamiento de uno o varios miembros.
- Cambios de actitud (apatía, hostilidad, absentismo).

Fig. 15. Detectar el conflicto a tiempo permite intervenir de forma preventiva, evitando que escale a niveles personales o estructurales

29. Modelos básicos de gestión de conflictos

La gestión de conflictos requiere **estrategias estructuradas** que permitan reconducir la tensión hacia soluciones positivas. Existen varios **modelos y estilos** de actuación según la actitud del líder y las circunstancias.

A. Estilos de gestión de conflictos (modelo de Thomas y Kilmann)

Este modelo identifica **cinco estilos de comportamiento** en función de dos variables:

- El **grado de asertividad** (defensa de los propios intereses).
- El **grado de cooperación** (consideración hacia los intereses de los demás).

Estilo de gestión	Descripción	Cuándo aplicarlo	Ejemplo práctico
Competitivo (ganar-perder)	Defensa firme de la propia posición sin considerar la de los demás.	En decisiones urgentes o cuestiones críticas.	Un jefe decide imponer una medida de seguridad obligatoria.
Evasivo (evitar el conflicto)	Se ignora o posterga el problema.	Cuando el tema es menor o el momento no es oportuno.	Posponer una discusión durante una crisis.
Complaciente (ceder)	Se prioriza mantener la armonía cediendo ante la otra parte.	Cuando la relación es más importante que el resultado.	Ceder un turno para evitar tensiones.
Comprometido (negociación)	Ambas partes ceden parcialmente para alcanzar un punto medio.	En conflictos equilibrados y con poco tiempo.	Acordar una solución intermedia en un reparto de recursos.
Colaborativo (ganar-ganar)	Se busca una solución que satisfaga a todas las partes.	En conflictos complejos donde la cooperación es clave.	Reunir a dos departamentos para diseñar juntos un nuevo procedimiento.

En una empresa turística, los equipos de reservas y atención al cliente chocan por la gestión de cancelaciones. El líder adopta un enfoque colaborativo, promueve una reunión conjunta y diseñan un protocolo común que mejora la satisfacción de los clientes.

El estilo más eficaz no es único: depende de la **situación, el nivel de tensión y los objetivos**. El liderazgo maduro consiste en **saber cambiar de estilo** según el contexto.

B. Etapas del proceso de resolución de conflictos

Cualquier modelo de gestión eficaz pasa por **etapas estructuradas** que permiten abordar el problema de forma ordenada:

Etapa	Acciones principales	Objetivo
1. Identificación	Detectar el conflicto y sus causas reales.	Evitar interpretaciones erróneas.
2. Análisis	Escuchar a las partes y recoger información objetiva.	Comprender las posiciones y emociones implicadas.
3. Generación de opciones	Proponer soluciones posibles, sin juicios iniciales.	Fomentar la creatividad y la participación.
4. Evaluación y elección	Valorar cada opción según su viabilidad y equidad.	Lograr un acuerdo justo y sostenible.
5. Implementación y seguimiento	Aplicar la solución y revisar resultados.	Asegurar el cumplimiento y evitar recaídas.

Ejemplo

En una panificadora, dos encargados discuten sobre la distribución de turnos. El líder media escuchando a ambos (análisis), propone alternativas (generación de opciones) y acuerda un nuevo sistema rotativo (implementación). Un mes después revisa los resultados (seguimiento).

C. Técnicas para el liderazgo mediador

El líder debe actuar como **mediador imparcial**, fomentando el diálogo y reduciendo la tensión emocional. Algunas técnicas recomendadas son:

- **Escucha activa y neutralidad.**
- **Fomentar la empatía entre las partes.**
- **Centrarse en los hechos, no en las personas.**
- **Reformulación positiva** ("Entiendo que ambos buscan mejorar el proceso...").
- **Acuerdos por escrito y compromisos claros.**

En un departamento de atención al cliente, dos trabajadoras —Laura y Patricia— mantenían una tensión constante. Todo empezó con pequeñas discrepancias sobre la distribución de tareas, pero pronto derivó en un conflicto personal: apenas se hablaban, se corregían entre sí en público y el resto del equipo evitaba involucrarse. El ambiente se volvió incómodo y la productividad empezó a resentirse.

El responsable del área, consciente de que el problema ya afectaba al grupo, decidió intervenir como mediador. En lugar de imponer una solución, aplicó técnicas de comunicación empática y resolución de conflictos. Primero mantuvo una breve conversación individual con cada una para escuchar su versión sin juicios. Ambas coincidían en sentirse poco valoradas y malinterpretadas.

En una segunda fase, organizó una reunión conjunta en un clima neutral, marcando reglas básicas: respeto, turnos de palabra y búsqueda de acuerdos. Durante el diálogo, utilizó la reformulación positiva ("Entiendo que ambas queréis mejorar la coordinación") y centró la conversación en los hechos, no en las emociones. Así, logró que identificaran la causa real: la falta de claridad en la asignación de tareas y comunicación interna.

Como cierre, se acordaron nuevas pautas de trabajo: dividir responsabilidades de forma explícita y reunirse brevemente al final de cada jornada para revisar pendientes. Además, el líder se comprometió a realizar un seguimiento semanal durante el primer mes.

En pocas semanas, el conflicto se transformó en una colaboración respetuosa. Laura y Patricia no solo recuperaron la comunicación, sino que propusieron juntas mejoras en el proceso de atención. El caso demostró que una mediación basada en la escucha, la empatía y la neutralidad puede convertir un enfrentamiento en una oportunidad de aprendizaje colectivo.

La gestión de conflictos no busca "ganadores", sino soluciones sostenibles. Un líder mediador transforma la tensión en una oportunidad de crecimiento y aprendizaje organizativo.

En las organizaciones actuales, se fomenta la figura del líder coach o facilitador, que enseña al equipo a resolver sus propios conflictos mediante la comunicación abierta, el *feedback* y la corresponsabilidad.

Saber más

El liderazgo es una práctica compleja y profundamente humana que adopta múltiples formas según la personalidad del líder, la cultura de la organización y las circunstancias del entorno. No existe un único modo "correcto" de liderar, sino diversos estilos que pueden ser más o menos eficaces en función del momento, del tipo de equipo y de los objetivos que se persigan.

El liderazgo autoritario o autocrático se basa en la centralización de las decisiones. El líder mantiene el control total sobre las acciones del grupo y actúa con rapidez y determinación, algo útil en situaciones de crisis o cuando se requiere una respuesta inmediata. Sin embargo, este estilo puede reducir la creatividad y la iniciativa de los colaboradores, generando dependencia y menor compromiso si se aplica de manera rígida o prolongada. En el extremo opuesto se encuentra el liderazgo participativo o democrático, que promueve la colaboración y valora las opiniones de todos los miembros.

Otro enfoque es el liderazgo laissez-faire, caracterizado por la delegación casi completa de responsabilidades. El líder actúa como observador, dejando a los equipos libertad para decidir.

Cuando los miembros son expertos y autónomos, esta confianza estimula la iniciativa y la satisfacción laboral; pero en grupos menos experimentados, puede derivar en confusión, falta de dirección y resultados inconsistentes. El liderazgo visionario, por su parte, destaca por su capacidad de inspirar hacia un propósito compartido. Estos líderes poseen una idea clara del futuro y logran que los demás se sientan parte de ella. Su gran desafío consiste en no descuidar la gestión del presente ni desoír las aportaciones del equipo.

El liderazgo al estilo coaching combina guía y acompañamiento. El líder actúa como entrenador: ayuda a cada persona a desarrollar su potencial, a conectar sus fortalezas con los objetivos comunes y a aprender de los errores. Este enfoque genera crecimiento y autonomía, pero requiere empatía, paciencia y una comunicación constante. En un sentido más emocional, el liderazgo afiliativo se centra en construir relaciones de confianza y cohesión.

El liderazgo democrático, cercano al participativo, comparte la toma de decisiones con el grupo, favoreciendo la creatividad y el compromiso. Funciona mejor en equipos competentes y con experiencia, mientras que pierde eficacia cuando se necesita actuar con rapidez o en contextos de inexperiencia. De naturaleza más exigente, el liderazgo que marca el paso se apoya en el ejemplo personal: el líder trabaja al máximo nivel y espera lo mismo de su equipo. Puede ser una fuente de inspiración y eficiencia, pero también de estrés y desmotivación si se convierte en una presión constante.

El liderazgo dominante o directivo se orienta a la acción inmediata y a la disciplina. Es especialmente útil en momentos críticos o con equipos poco formados, pues aporta claridad y estructura. Sin embargo, aplicado de forma continuada, puede frenar la participación y la creatividad, y generar un ambiente dependiente. En contraste, el liderazgo transformacional se propone cambiar y elevar tanto al equipo como a la organización. Sus líderes inspiran, estimulan intelectualmente, atienden a las personas de forma individual y predican con el ejemplo. Este estilo fomenta la innovación y el compromiso profundo, aunque exige coherencia, energía y una buena alineación con los valores de la empresa.

El liderazgo transaccional, en cambio, se apoya en recompensas y sanciones para mantener el orden y alcanzar objetivos concretos. Es práctico en entornos estructurados o cuando las tareas son rutinarias y bien definidas, pero puede sofocar la creatividad y la implicación emocional si se basa únicamente en el control y la recompensa inmediata.

Resumen

El liderazgo es la capacidad de influir, guiar y motivar a otras personas hacia el logro de objetivos comunes. No se trata solo de dirigir tareas, sino de inspirar comportamientos y crear una visión compartida que estimule el compromiso del equipo. Un líder eficaz combina autoridad, comunicación y empatía, adaptando su estilo a las circunstancias y a las características de su grupo. Entre sus funciones destacan la planificación, la organización del trabajo, la resolución de conflictos y la evaluación del rendimiento, siempre desde un enfoque humano y colaborativo.

Existen diversos estilos de dirección, entre los cuales destacan el autocrático, que centraliza la toma de decisiones; el democrático o participativo, que fomenta la implicación del equipo; el liberal o laissez-faire, que otorga amplia autonomía; y el transformacional, que motiva a través de la inspiración y el desarrollo personal.

Cada estilo puede ser útil dependiendo del contexto y de la madurez profesional del equipo, entendida como el grado de competencia y compromiso que demuestra cada trabajador. El liderazgo más eficaz es el situacional, capaz de ajustar la conducta del líder a las necesidades reales del grupo.

El desempeño de un equipo se ve influido por dos tipos de factores: los factores de tarea, relacionados con la planificación, la asignación de funciones y los recursos disponibles, y los factores de relación, que incluyen la confianza, la comunicación y el respeto mutuo. Ambos deben mantenerse en equilibrio, ya que centrarse solo en la tarea puede aumentar la eficiencia a corto plazo pero reducir la cohesión, mientras que enfocarse únicamente en las relaciones puede comprometer los resultados.

La motivación es el motor que impulsa la conducta humana y determina el nivel de esfuerzo, persistencia y entusiasmo con que una persona realiza su trabajo.

Puede ser intrínseca, cuando nace del interés y satisfacción personal, o extrínseca, cuando depende de recompensas o incentivos externos. Las escuelas clásicas de la motivación aportaron modelos fundamentales para comprender este fenómeno, entre ellos la jerarquía de necesidades de Maslow, que organiza las motivaciones desde las más básicas (fisiológicas y de seguridad) hasta las más elevadas (estima y autorrealización). Herzberg, con su teoría de los dos factores, diferenció los elementos que evitan la insatisfacción (factores higiénicos) de aquellos que realmente generan satisfacción (factores motivadores).

Otros modelos relevantes incluyen la teoría de los tres impulsos básicos de McClelland, que destaca la necesidad de logro, afiliación y poder, y la teoría de la equidad de Adams, basada en la percepción de justicia en las recompensas. Vroom, por su parte, formuló la teoría de la expectativa, según la cual la motivación depende de tres variables: la expectativa de éxito, la creencia en que el desempeño será recompensado (instrumentalidad) y el valor que se otorga a esa recompensa (valencia). Por último, la teoría del reforzamiento de Skinner señala que los comportamientos se fortalecen o debilitan según las consecuencias que los sigan, destacando la importancia del refuerzo positivo y del reconocimiento oportuno.

El líder actúa como agente motivador, generando confianza, ofreciendo *feedback* constructivo, reconociendo logros y desarrollando el talento de su equipo. La evaluación de la motivación permite identificar los niveles de compromiso y satisfacción, y debe basarse tanto en observaciones directas como en encuestas o indicadores de desempeño. A partir de esta información se pueden diseñar planes de motivación que incluyan estrategias económicas, sociales y profesionales, con el objetivo de aumentar la implicación y reducir la rotación laboral. La comunicación, en este sentido, desempeña un papel esencial: un líder que comunica de forma clara, bidireccional y empática, consigue motivar, prevenir conflictos y consolidar un clima laboral positivo.

La delegación es otra habilidad clave del liderazgo. Consiste en transferir autoridad y responsabilidad sobre determinadas tareas a los miembros del equipo, conservando el control general del proceso. Delegar correctamente implica identificar qué actividades pueden cederse, elegir a la persona adecuada, establecer objetivos claros y realizar un seguimiento equilibrado. Este proceso se desarrolla en cinco fases: selección de tareas, elección del colaborador, comunicación de la delegación, seguimiento y evaluación. La entrevista de delegación es el momento en que el líder explica la tarea, los recursos disponibles y el grado de autonomía concedido, buscando siempre un compromiso mutuo.

Posteriormente, el control durante la delegación debe centrarse en el acompañamiento y no en la vigilancia, garantizando que el colaborador aprenda y crezca en su rol.

Finalmente, la gestión de los conflictos constituye una competencia esencial para mantener la armonía y productividad del equipo. Los conflictos pueden ser interpersonales, intragrupales o interdepartamentales, y sus causas más frecuentes son la falta de comunicación, la distribución desigual de recursos o las diferencias personales. El conflicto no siempre es negativo; cuando se gestiona adecuadamente, puede impulsar la innovación y fortalecer las relaciones. Entre los modelos de gestión de conflictos destaca el de Thomas y Kilmann, que distingue cinco estilos: competitivo, evasivo, complaciente, comprometido y colaborativo, siendo este último el más constructivo al buscar soluciones "ganar-ganar".

La resolución eficaz del conflicto pasa por varias etapas: identificar el problema, analizar las causas, generar opciones, evaluar alternativas, acordar soluciones y realizar seguimiento. El líder debe actuar como mediador imparcial, fomentando el diálogo, la empatía y la búsqueda de acuerdos sostenibles. En este sentido, el liderazgo actual se apoya en la figura del líder coach o facilitador, que enseña al equipo a resolver sus propios desacuerdos y promueve una cultura organizacional basada en la confianza, la comunicación y el crecimiento conjunto.

Glosario

Autorrealización

Nivel superior en la jerarquía de necesidades de Maslow. Representa el deseo de alcanzar el máximo potencial personal, la creatividad y el desarrollo pleno.

Asertividad

Habilidad de expresar opiniones y necesidades propias de forma clara, respetuosa y firme, sin agresividad ni sumisión.

Clima laboral

Percepción colectiva del ambiente emocional y relacional en un grupo de trabajo. Influye directamente en la motivación, el compromiso y el rendimiento.

Colaboración

Actitud orientada a trabajar en conjunto hacia objetivos compartidos, basada en la cooperación y la comunicación efectiva.

Competencia profesional

Combinación de conocimientos, habilidades y actitudes que permiten un desempeño eficaz en un contexto laboral determinado.

Comunicación efectiva

Proceso bidireccional de intercambio de información que garantiza la comprensión mutua, reduciendo errores y fortaleciendo las relaciones laborales.

Conflicto laboral

Situación de desacuerdo entre personas o grupos dentro de la organización, derivada de diferencias de intereses, objetivos o valores.

Delegación

Transferencia planificada de autoridad y responsabilidad de un líder hacia un colaborador, manteniendo la supervisión general del resultado.

Empatía

Capacidad de comprender y compartir los sentimientos, pensamientos o perspectivas de otra persona.

Equidad

Percepción de justicia en la relación entre el esfuerzo realizado (aportaciones) y las recompensas obtenidas dentro de la organización.

Escucha activa

Técnica de comunicación que consiste en prestar atención plena al interlocutor, mostrando interés, comprensión y respeto.

Estilo de liderazgo

Forma característica en que un líder se relaciona con su equipo, toma decisiones y dirige la consecución de los objetivos.

Expectativa (Teoría de Vroom)

Creencia de que el esfuerzo personal conducirá a un desempeño eficaz y a resultados deseados.

Factor de relación

Elemento vinculado a la interacción humana en el trabajo, como la confianza, el respeto o la comunicación interpersonal.

Factor de tarea

Aspecto relacionado con la planificación, organización y ejecución de las actividades del equipo.

***Feedback* (retroalimentación)**

Información que se da a una persona sobre su desempeño, con el objetivo de reforzar conductas positivas o corregir desviaciones.

Inteligencia emocional

Capacidad para reconocer, comprender y gestionar las propias emociones y las de los demás, favoreciendo relaciones equilibradas y efectivas.

Jerarquía de necesidades

Modelo de Abraham Maslow que explica la motivación humana como una secuencia de niveles que van desde las necesidades básicas hasta la autorrealización.

Liderazgo

Habilidad de influir y guiar a las personas para alcanzar objetivos comunes mediante la comunicación, la motivación y la confianza.

Liderazgo situacional

Modelo que adapta el estilo de dirección al nivel de madurez, competencia y compromiso del equipo o colaborador.

Madurez profesional

Grado de autonomía, responsabilidad y competencia que un trabajador posee para desempeñar sus funciones de manera eficaz.

Maslow, Abraham

Psicólogo estadounidense autor de la teoría de la jerarquía de necesidades, base del enfoque humanista de la motivación.

Motivación

Conjunto de fuerzas internas y externas que impulsan a una persona a actuar y perseverar en el logro de determinados objetivos.

Motivación extrínseca

Energía que impulsa la conducta a través de recompensas externas, como salario, incentivos o reconocimiento público.

Motivación intrínseca

Impulso que surge del interés o satisfacción personal por la tarea en sí misma, sin depender de recompensas externas.

Plan de motivación

Conjunto estructurado de acciones destinadas a aumentar la satisfacción y el compromiso de los trabajadores con la organización.

Reforzamiento (Teoría de Skinner)

Principio que sostiene que una conducta aumenta su probabilidad de repetición si va seguida de una consecuencia positiva.

Teoría de la equidad (Adams)

Modelo que explica la motivación en función de la percepción de justicia entre las aportaciones del empleado y las recompensas recibidas.

Teoría de la expectativa (Vroom)

Modelo que señala que la motivación depende de la relación entre esfuerzo, desempeño y recompensa percibida.

Teoría de los dos factores (Herzberg)

Distinción entre factores higiénicos (condiciones externas que evitan la insatisfacción) y motivadores (aspectos internos que generan satisfacción).

Teoría de los tres impulsos básicos (McClelland)

Modelo que identifica tres motivaciones principales en el trabajo: logro, afiliación y poder.

Trabajo en equipo

Forma de organización en la que varias personas colaboran de manera coordinada para alcanzar un objetivo común, compartiendo responsabilidades y logros.

Ejercicios de autoevaluación

1. El liderazgo se define como la capacidad de:

a. Controlar a las personas mediante la autoridad.

b. Influir y guiar a otras personas hacia objetivos comunes.

c. Evitar conflictos dentro del grupo.

d. Supervisar tareas administrativas.

2. ¿Qué característica distingue al liderazgo auténtico?

a. El control rígido de los subordinados.

b. La competitividad extrema.

c. El conocimiento técnico exclusivo.

d. La coherencia entre lo que se dice y lo que se hace.

3. Según la teoría de los rasgos, el liderazgo depende de:

a. La estructura de la organización.

b. Cualidades personales innatas del líder.

c. El número de subordinados.

d. Los incentivos económicos.

4. ¿Cuál de los siguientes es un estilo de dirección participativo?

a. Democrático.

b. Autocrático.

c. Transaccional rígido.

d. Liberal autoritario.

5. El estilo de dirección autocrático se caracteriza por:

a. Fomentar la participación.

b. Tomar decisiones de forma unilateral.

c. Dar plena autonomía al equipo.

d. Estimular la creatividad colectiva.

6. Una de las cualidades más importantes del líder eficaz es:

a. Evitar delegar tareas.

b. Poseer empatía y saber escuchar.

c. Imponer autoridad constantemente.

d. Mantener distancia emocional con el equipo.

7. La inteligencia emocional en el liderazgo implica:

a. Gestionar las propias emociones y comprender las de los demás.

b. Controlar a los demás.

c. Evitar expresar emociones.

d. Tomar decisiones impulsivas.

8. Según el modelo de Hersey y Blanchard, el liderazgo debe adaptarse:

a. A la cultura nacional.

b. Al nivel de madurez profesional del equipo.

c. Al tamaño de la organización.

d. Al nivel jerárquico del líder.

9. ¿Cuál de los siguientes factores pertenece a los factores de tarea?

a. Confianza mutua.

b. Reconocimiento social.

c. Comunicación interpersonal.

d. Definición clara de objetivos.

10. Un factor de relación clave dentro de un equipo es:

a. La confianza mutua y la comunicación abierta.
b. La planificación de recursos.
c. La jerarquía estricta.
d. El control permanente.

Aplicaciones prácticas

Aplicación práctica.1. Aplicación del liderazgo participativo en la gestión de equipos

Unidad aprendizaje. 1. Habilidades de dirección de equipos

Ana es responsable de un equipo de seis personas en una empresa de servicios turísticos. Tras un período de crecimiento acelerado, la carga de trabajo ha aumentado considerablemente y se han incorporado dos nuevos empleados sin experiencia previa. Durante los últimos meses, Ana ha notado que el ambiente en su equipo se ha deteriorado: algunos trabajadores se quejan de la falta de coordinación, otros se sienten sobrecargados y los nuevos empleados afirman no tener suficiente orientación. Las reuniones de equipo son tensas y la comunicación entre departamentos se ha vuelto mínima.

A pesar de su esfuerzo, Ana tiende a resolver personalmente los problemas diarios, lo que la mantiene ocupada en tareas operativas y le impide centrarse en la planificación estratégica. Los resultados del departamento han bajado un 10% y el índice de satisfacción del personal también se ha reducido.

La dirección general le ha solicitado a Ana que presente un plan de acción para mejorar la cohesión del equipo y recuperar la productividad. Ella es consciente de que necesita cambiar su forma de liderar y aprender a delegar y motivar eficazmente.

- Identifica los principales problemas de liderazgo que presenta Ana en su gestión actual.
- Determina qué estilo de liderazgo está aplicando actualmente y cuál sería más adecuado dadas las características de su equipo.
- Propón al menos tres medidas concretas para mejorar la motivación y el compromiso del personal.

- Indica cómo podría Ana aplicar una delegación eficaz, mencionando qué tareas podría transferir y a quién.
- Explica qué tipo de comunicación interna sería más apropiada para fortalecer las relaciones y prevenir conflictos.

Aplicación práctica. 2. Diagnóstico de estilos de liderazgo en situaciones laborales

Unidad aprendizaje. 1. Habilidades de dirección de equipos

En una empresa tecnológica, tres responsables de equipo muestran diferentes estilos de liderazgo ante situaciones cotidianas del trabajo. Analiza cada situación y completa la tabla, identificando:

1. El tipo de liderazgo que aplica cada responsable.
2. Las ventajas que presenta ese estilo en el contexto.
3. Los riesgos o limitaciones que podría generar si se mantiene en el tiempo.

Situación laboral	Tipo de liderazgo	Ventajas observadas	Riesgos o limitaciones
Marta dirige un equipo de atención al cliente. Ella toma todas las decisiones, revisa cada tarea y no acepta propuestas alternativas. Su equipo cumple los plazos, pero se siente poco escuchado.			
Luis coordina un grupo de diseñadores gráficos. Realiza reuniones semanales donde todos opinan, asigna responsabilidades conjuntas y promueve la creatividad.			
Raquel lidera un área administrativa. Da total libertad a los empleados para organizar su trabajo y rara vez interviene o supervisa los resultados.			

Ejercicio de evaluación final

1. La motivación intrínseca se produce cuando:

a. El trabajo en sí mismo genera satisfacción.

b. Existen incentivos económicos.

c. Se imponen recompensas externas.

d. Hay presión jerárquica.

2. La escuela del comportamiento organizacional subraya la importancia de:

a. La estructura formal.

b. El clima laboral y la comunicación.

c. El control financiero.

d. La estandarización de procesos.

3. Según Maslow, la necesidad de pertenencia se sitúa en el nivel:

a. Primero.

b. Segundo.

c. Tercero.

d. Cuarto.

4. En la jerarquía de Maslow, la necesidad de autorrealización está relacionada con:

a. Seguridad laboral.

b. Desarrollo personal y creatividad.

c. Relaciones sociales.

d. Salario justo.

5. La teoría de los dos factores de Herzberg distingue entre:

    a. Motivación interna y externa.

    b. Factores higiénicos y motivadores.

    c. Recompensas y castigos.

    d. Necesidades básicas y superiores.

6. Un ejemplo de factor higiénico sería:

    a. Reconocimiento del logro.

    b. El crecimiento profesional.

    c. La autonomía en la tarea.

    d. El salario o las condiciones laborales.

7. Según McClelland, la necesidad de poder se relaciona con:

    a. Lograr objetivos personales.

    b. Influir y dirigir a los demás.

    c. Establecer relaciones de amistad.

    d. Reducir responsabilidades.

8. Un trabajador con alta necesidad de logro preferirá tareas:

    a. Desafiantes y con retroalimentación sobre su desempeño.

    b. Rutinarias y seguras.

    c. De baja exigencia.

    d. De control administrativo.

9. Según Adams, la teoría de la equidad se basa en:

    a. La percepción de justicia entre lo que se da y se recibe.

    b. El cumplimiento de objetivos financieros.

    c. El número de recompensas asignadas.

    d. La antigüedad en la empresa.

10. Si un empleado percibe inequidad, una reacción posible es:

    a. Incrementar su esfuerzo.

    b. Reducir su rendimiento o buscar otra empresa.

    c. Mantener el mismo desempeño.

    d. Ignorar la situación.

11. En la teoría de la expectativa de Vroom, la valencia se refiere a:

    a. El esfuerzo realizado.

    b. La probabilidad de éxito.

    c. La relación entre desempeño y salario.

    d. El valor que la persona atribuye a la recompensa.

12. La teoría del reforzamiento sostiene que:

    a. Las personas actúan según su personalidad.

    b. El comportamiento se fortalece por sus consecuencias positivas.

    c. Los líderes deben evitar el castigo.

    d. La motivación solo es económica.

13. Un ejemplo de reforzamiento positivo sería:

    a. Ignorar un buen resultado.

    b. Aplicar una sanción.

    c. Reconocer públicamente el logro de un trabajador.

    d. Reducir responsabilidades.

14. El líder motivador se caracteriza por:

    a. Evitar dar feedback.

    b. Delegar sin control.

    c. Centrarse solo en los resultados.

    d. Inspirar, reconocer y desarrollar el talento.

15. Evaluar la motivación permite:

a. Imponer sanciones efectivas.

b. Detectar niveles de satisfacción y compromiso.

c. Reducir el trabajo en equipo.

d. Sustituir la comunicación interpersonal.

16. Un plan de motivación eficaz debe comenzar con:

a. Un diagnóstico del nivel actual de motivación.

b. El aumento salarial inmediato.

c. Una campaña de publicidad interna.

d. La contratación de nuevos empleados.

17. La comunicación motivadora se basa en:

a. El control jerárquico y las órdenes directas.

b. El feedback constructivo y la escucha activa.

c. El silencio para evitar conflictos.

d. El uso exclusivo del correo electrónico.

18. Delegar implica:

a. Perder autoridad sobre el trabajo.

b. Imponer tareas sin explicación.

c. Transferir autoridad y responsabilidad dentro de límites definidos.

d. Evitar la supervisión del líder.

19. Un ejemplo de tarea no delegable sería:

a. Coordinar agendas.

b. Tomar decisiones estratégicas o confidenciales.

c. Redactar informes rutinarios.

d. Controlar inventario semanal.

20. El estilo de gestión de conflictos colaborativo busca:

a. Ganar a costa de la otra parte.

b. Evitar el enfrentamiento.

c. Ceder para mantener la paz.

d. Una solución que beneficie a ambas partes.

Solucionario

U. A. 1. Habilidades de dirección de equipos

1. b

2. d

3. b

4. a

5. b

6. b

7. a

8. b

9. d

10. a

Bibliografía

Webgrafía

15 cualidades esenciales para ser un buen líder

https://asana.com/es/resources/qualities-of-a-leader

7 características que debe tener un buen negociador

https://www.apd.es/caracteristicas-buen-negociador/

BATNA: ¿Qué es y cómo sacarle el mayor partido en una negociación?

https://www.santanderopenacademy.com/es/blog/BATNA.html/index.html

Cómo delegar eficazmente: 10 consejos para gerentes

https://asana.com/es/resources/how-to-delegate

Comunicación organizacional: tipos y siete barreras para superar

https://www.zendesk.es/blog/comunicacion-organizacional/

El conflicto organizacional

https://campus.uoc.edu/annotation/64fa093ba8d38b1c608bc16975dbf990/863869/PID_00179275/PID_00179275.html

Estilos de dirección

https://es.eserp.com/articulos/estilos-de-direccion/

La importancia de la correcta gestión de conflictos laborales

https://www.unir.net/revista/derecho/gestion-conflictos-laborales/

La influencia del lenguaje no verbal en la mediación

https://www.imotiva.es/revista-de-mediacion/articulos/la-influencia-del-lenguaje-no-verbal-la-mediacion/

La Teoría del Factor Dual de Frederick Herzberg

https://psicologiaymente.com/organizaciones/teoria-factor-dual-frederick-herzberg

Las 4 fases del conflicto: etapas y principales implicaciones

https://personasysoluciones.es/fases-del-conflicto-4-etapas-ciclo/

Las 5 barreras de la comunicación, explicadas

https://psicologiaymente.com/social/barreras-de-comunicacion

Las 6 principales fases de la mediación, explicadas

https://psicologiaymente.com/social/fases-mediacion

Liderazgo adaptativo: y su poder para gestionar equipos

https://interimgrouphr.com/blog/liderazgo-adaptativo/

Liderazgo efectivo: ¿Qué es? ¿Y cuáles son sus características?

https://hr.vismalatam.com/articulos/liderazgo-efectivo-que-es-y-cuales-son-sus-caracteristicas/

Los 5 niveles de conflicto (y sus características)

https://psicologiaymente.com/social/niveles-de-conflicto

Los 5 tipos de negociación que existen y sus características

https://blog.hubspot.es/sales/tipos-negociacion

Mediación en el liderazgo transformacional: una herramienta clave para organizaciones humanas y resilientes

https://eimediacion.edu.es/ser-mediador/noticias-escuela-mediacion/mediacion-en-el-liderazgo-transformacional-una-herramienta-clave-para-organizaciones-humanas-y-resilientes/

Modelo Harvard de Negociación, principios y etapas

https://www.master-malaga.com/empresas/modelo-harvard-negociacion/

Pirámide de Maslow: la jerarquía de las necesidades humanas
https://psicologiaymente.com/psicologia/piramide-de-maslow

¿Qué es el liderazgo situacional? Características y ventajas
https://www.esic.edu/rethink/business/liderazgo-situacional-que-es-caracteristicas-y-ventajas-c

¿Qué es el liderazgo transformacional?
https://www.repsol.com/es/energia-avanzar/personas/liderazgo-transformacional/index.cshtml#:~:text=El%20liderazgo%20transformacional%20es%20un,en%20el%20intercambio%20de%20recompensas

Teoría de la equidad
https://thedecisionlab.com/es/reference-guide/management/equity-theory

Tipos de conflictos y cómo solucionarlos
https://ieeducacion.com/tipos-de-conflictos/

Tipos de negociación en la empresa: ¿cuáles existen?
https://www.apd.es/tipos-de-negociacion/